북한에서 사업하기

손안의 통일 ❸

북한에서 사업하기

: 통일 시대를 위한 기업 매뉴얼

남북교류협력지원협회·임을출 지음

통일부
통일교육원

〈손안의 통일〉 시리즈를 발간하며

2018년 평창에서 시작된 한반도 평화의 흐름은 세 차례의 남북정상회담을 거치며 거대한 역사적 흐름이 되었습니다. 이제 우리는 오랜 분단이 가져온 마음속의 제약을 극복하고, 한반도 평화의 시대를 맞이하는 물결 앞에 서 있습니다.

평화의 시대, 그 문을 여는 열쇠는 바로 시대정신을 반영한 〈통일 교육〉이라고 생각합니다. 분단의 현실을 사는 우리에게는 서로 다름을 인정하고 공존하며, 갈등을 평화롭게 해결하는 방법을 터득해 나가는 〈평화 교육〉이 곧 오늘날 필요한 통일 교육입니다. 새 시대에 맞는 한반도 평화를 위한 통일 교육은 정답을 주입하는 가르침이 아니라, 미래 세대들과의 소통을 통해 〈평화의 감수성〉을 기르는 과정이어야 합니다. 이러한 통일 교육은 우리 삶의 영역을 넓

히고, 각자가 가진 상상력을 마음껏 펼칠 수 있도록 도와줄 것입니다.

이러한 시점에 발간되는 〈손안의 통일〉 시리즈는, 딱딱한 기존 통일 교육 도서에서 탈피해 누구나 접근할 수 있도록 쉽게 쓰였습니다. 또한 일반 시민, 대학생, 청소년, 기업 등 대상별 맞춤형으로 제작되었고, 인문학·청소년 토론 등 다양한 소재를 활용했습니다. 이 책이 통일·북한 문제는 어렵다는 고정 관념을 타파하는 데 기여하고, 많은 국민들에게 일상의 주변 가까운 곳에서부터 평화의 의미를 느끼고, 평화의 감수성을 기르게 해주기를 바랍니다. 아울러 이 책이 평화와 통일의 시대로 나아가는 우리의 여정에 중요한 밑거름이 되기를 기대합니다.

제40대 통일부 장관

김연철

1998년 6월 고(故) 정주영 회장은 누구도 생각지 못한 〈소 떼 방북〉을 통해 반세기 분단의 빗장을 열었습니다. 세상을 깜짝 놀라게 한 〈세기의 이벤트〉는 평화와 통일을 향한 큰 감동과 울림을 남기며, 남북 경협 20년사의 출발점이 되었습니다.

〈소 떼 방북〉으로 태동한 금강산 관광이 1998년 첫 닻을 올렸고, 2003년 개성 공단, 2007년 개성 관광에 이르기까지 남북 경협 사업은 남북 화해와 협력에 크게 이바지해 왔습니다.

그러나 남북 경협 사업은 다른 어떤 비즈니스보다 리스크가 큰 사업으로서, 순조로울 수만은 없었습니다. 2008년 금강산 관광 중단, 2016년 개성 공단 폐쇄 등으로 지금까지 많은 관련 기업들이 크게 고통받고 있는 것도 사실입니다. 이것이 남북 경협 사업을 〈황금알을 낳는 거위〉로만 생각할 수 없는 이유입니다.

남북 경협 사업은 끊임없는 도전과 열정이라는 기업가 정신과 더불어 한반도 평화 공존이라는 가치를 함께 추구해야 하는 특수한 사업입니다. 기업이 추진하는 사업이지만 기업성과 공익성을 동시에 갖고 있는 만큼 기업들의 올바른 인식과 이해가 요구되는 것입니다.

머잖아 폭넓고 역동적인 남북 경협이 재개될 것으로 전망하고 있습니다. 이 책을 통해 많은 기업들이 남북 경협을 올바르게 이해하는 계기가 되기를 바라며, 남북 경협 사업이 성공으로 이어져 한반도에 평화와 번영의 길이 환히 비춰지길 기대합니다.

현대아산(주) 대표

배국환

머리말

우리 기업들이 북한과 경협 사업을 공식적으로 추진했던 것은 1988년 7·7 선언 이후로, 2010년 5·24 조치로 개성 공단을 제외한 모든 교역 사업이 중단될 때까지 20년이 넘게 다양한 사업을 추진해 왔습니다.

초기에는 단순히 물품을 거래하는 수준에서 사업을 추진하다가 북한과 신뢰 관계가 구축되면서 위탁 가공, 대북 투자 사업 등으로 확대 및 발전했습니다.

5·24 조치 이전 해인 2009년 기준으로 남북 교역액은 17억 달러로 우리는 중국과 함께 북한의 주요 교역국이 되었습니다. 교역·경협 사업에 참여한 기업도 1천여 곳이 넘을 정도로 20여 년이라는 기간 동안 남북한 경협 사업은 크게 성장했습니다.

그러나 상당수의 우리 기업들이 북한의 거래 및 투자 환경 등을 정확히 이해하지 못한 상황에서 중개인 등으로부터 검증되지 않은 말만 듣고 사업을 추진했습니다.

그 결과 많은 기업이 사업 추진 과정에서 시행착오를 겪었고, 일부 기업은 손해를 보고 사업을 중단한 사례도 있습니다.

이러한 시행착오는 상당 부분 우리 기업들을 위한 체계적인 교육이나 안내가 부족해서 발생한 것으로, 향후 교역이 재개되는 시점에서는 동일한 잘못을 반복하지 않도록 준비하는 것이 필요합니다. 이를 위해 대북 사업자들이 참고할 수 있는 안내서를 제작했습니다.

본 안내서는 북한 투자와 관련된 북한 경제의 특징 및 산업 인프라 등 북한의 투자 환경을 다루고 있으며, 남북 교류 협력 관련 법제도 또한 소개하고 있습니다. 그리고 남북 교역 실무 절차 및 추진 사례 등의 내용도 정리해 실음으로써 사업 계획 구상부터 협의, 계약, 통관 등 경협 사업 추진 시 실제로 도움이 될 수 있도록 했습니다.

모쪼록 본 안내서를 통해 남북 교류, 특히 경제 교류에 관심을 가지고 계신 분들이 남북 교역을 보다 잘 이해하고,

이 책이 남북 교역의 추진 과정에서 유용하게 활용할 수 있는 지침서가 되길 기원합니다.

남북교류협력지원협회 회장

강영식

차례

1장 북한의 경제 현황

4장 추진 사례

1장

북한의 경제 현황

1
북한 경제의 특징

북한 경제 개관

북한의 경제는 사회주의적 생산관계와 자립적 민족 경제의 토대에 의존하고 있는 사회주의 계획 경제이다. 북한에서 국가는 전반적 경제 부문을 현대적 기술로 장비하고 나라의 자립적 민족 경제의 토대를 더욱 강화해 경제 사업에서 실리를 보장하는 원칙을 강조하고 있다. 이에 따라 공장, 기업소들에서 경영상 상대적 독자성을 부여하고 있으며, 우리식(북한식) 경제 관리 방법을 지속적으로 개선하려는 시도를 해왔다. 김정은 국무위원장은 2012년부터 지속적으로 경제 관리 방식의 개선을 지시했고, 이에 따라 새로운 기업 경영 방식인 사회주의 기업 책임 관리제를 시범적으로 실시하고 점차 확대 적용해 왔다.

김정은 시대 경제의 특징

김정은 정권은 2018년 4월 20일 당중앙위원회 전원회의에서 이전의 〈경제-핵 개발 병진 노선〉에서 〈사회주의 경제 건설 총력 집중 노선〉으로 전환했다. 이에 따라 북한은 이른바 〈경제 강국 건설〉에 총력을 집중하고 있다.

북한이 내세우고 있는 경제 강국 건설을 위한 전략적 노선은 자력 자강의 정신과 과학 기술을 중시하면서 인민경제의 주체화·현대화·정보화·과학화를 높은 수준에서 실현하며, 인민들에게 유족하고 문명한 생활 조건을 마련해 주는 것이다. 이 노선에 따라 원료와 연료의 국산화를 실현하고, 경제 발전과 인민 생활에서 제기되는 물질적 수요를 국내 생산으로 보장할 수 있는 다방면적이며 종합적인 경제 구조를 갖추고 개선하기 위해 노력하고 있다. 특히 북한은 우리의 제4차 산업 혁명의 개념과 유사한 새 세기 산업혁명을 강조하면서 나라의 경제 전반을 현대적 기술로 개건(改鍵)하고 모든 부문을 첨단 수준에 올려놓기 위한 정책을 제시하고 집행한다며 대내외에 밝히고 있다.

김정은 정권은 이와 함께 북한의 자주권을 존중하고 우호적으로 대하는 세계 여러 나라와 대외 경제 관계를 확대 발전시키려 노력하고 있다. 현재 북한의 핵 개발에 따른 국제 사회의 제재로 인해 커다란 진전을 보이지는 못하지만 27개에 이르는 경제특구/경제개발구를 비롯해 국제 관광 개발 지대를 지정해 유리한 투자 환경과 조건을 보장하면서 특색 있게 발전시키려 하고 있다.

주요 경제 지표

한국은행의 발표에 따르면, 2018년 기준으로 북한의 국민 총소득(명목 GNI)은 35조 9천억 원으로 한국의 53분의 1(1.9%) 수준이었다. 1인당 국민 총소득(GNI)은 142만 8천 원으로 한국의 26분의 1(3.9%) 수준이었다.

	북한(A)		한국(B)		B/A(배)	
	2017	2018	2017	2018	2017	2018
명목 GNI (한국 조 원)	36.6 (0.7)	35.9 (-2.0)	1,843.2 (5.5)	1,898.5 (3.0)	50.3	52.9
1인당 GNI (한국 만 원)	146.4 (0.2)	142.8 (-2.5)	3,588.6 (5.2)	3,678.7 (2.5)	24.5	25.8
인구 (천 명)	25,014	25,132	51,362	51,607	2.1	2.1

주: (　) 안은 전년 대비 증감률(%)

[표 1] 북한의 경제 규모 및 1인당 GNI(자료: 한국은행)

산업별 주요 동향

북한은 1차 산업(농림 어업)의 비중이 23.3퍼센트에 달하는 전형적인 저소득 개도국의 산업 구조를 보여 준다. 기타 산업의 비중을 보면 광공업 29.4퍼센트, 서비스업 33.0퍼센트, 건설업 8.9퍼센트, 전기·가스·수도업 5.4퍼센트이다. 한국은행은 산업별 국내 총생산(실질 GDP)의 측면에서 1990년대 중반 경제 위기를 거치면서 제조업 기반이 붕괴된 이후 현시점까지 회복되지 못한 것으로 평가하고 있다.

시장화 실태

북한에 시장화 현상이 나타나게 된 계기는 1980년대 중후반 무렵 계획 경제 시스템이 제대로 작동하지 못해 공급 부족 현상이 심화되면서부터이다. 북한 당국은 당시 공장·기업소 등에 〈8·3 인민 소비품〉 생산과 부업 밭농사를 비롯해, 10일장 형태의 농민 시장이 상설 시장화하는 것을 허용했다. 1980년대 후반부터 1990년대 초반까지 북부 지방을 중심으로 식량 공급 중단 사태가 확산되면서 농민 시장은 암시장 형태인 〈야시장〉, 〈장마당〉 등으로 발전해 나가고 점차 비합법적 공간으로 확대된다. 북한 주민들은 시장 활동을 통해 부의 축적을 경험하며 화폐 자본을 축적해 나갔고, 일부는 상업 자본을 축적해 〈돈주〉로 성장했다.

1990년대 말 북한의 시장화 현상은 전국적 규모의 유통 네트워크가 형성되는 현상으로 진전되었다. 주요 시, 도에 대규모 도매 시장과 함께 특화된 시장들이 발달했다. 1990년대 중반 무렵에 자재 공급 체계가 전반적으로 마비되자, 북한 당국은 각 경제 단위들에 물량 지표가 아닌 액상(금액) 지표를 부여하고 독립 채산제를 확대해 나갔다.

김정일 정권은 국가의 통제 밖에서 자생적으로 발전하고 있는 시장을 국가 관리 내로 유도할 필요가 있었고, 이에 따라 김정일 정권은 2002년 시장 기능을 부분적으로 인정하는 〈7·1 경제 관리 개선 조치〉를 시행했다. 이 조치는 북한의 국영기업소, 협동농장 등 각 경제 단위에 분권적 경영 권한을 일부 부여하고 비합법적 영역이었던 기존 소비재 시장을 종합 시장이라는 이름으로 공식 제도화한 것이었다. 1980년대 후반부터 발전되기 시작한 〈아래로부터의 시장화〉 현상은 합법적 비공식 경제에서 비합법적 비공식 경제 공간으로 양적으로 확산되었다. 결국 합법적 공식 경제 영역에까지 침투해 계획 경제와 시장이 상호 공존하고, 상호 활용하는 구조로까지 발전한다.

2012년 출범한 김정은 정권은 오히려 시장을 적극 활용해 북한 경제를 활성화하고, 체제 내구력을 강화하는 정책을 추진하고 있다. 특히 〈돈주〉들과 주민들이 보유한 화폐 자산을 활용해 대내 경제 활성화를 도모하고 있다. 돈주들은 사금융, 시외버스·물류 등의 운수업, 도소매업, 국영 상점 등에 투자하고 있으며, 최근에는 건설업, 채굴업, 제조업 등 공식 경제 부문에까지 투자를 확대하고 있다.

물가, 환율 등 거시 경제 지표

북한의 물가(환율)는 국정 가격과 시장 가격이라는 이중 가격이 존재한다. 시장 환율의 움직임은 북한의 외환 사정을 보는 중요한 지표이기도 하다. 북한 돈의 단위는 우리와 같은 〈원〉이고 KPW로 표기된다. 북한 원화의 공식 환율(국정 환율)은 조선무역은행이 고시한다. 평양, 신의주, 혜산에서의 시장 환율과 공식 환율을 비교해 보면 2009년 이후 그 차이가 확연히 벌어져서 2013년 이후는 1달러당 8,000북한 원 안팎에서 움직이고 있다. 예를 들면 2018년 1월 24일 시장 환율은 평양 8,000원, 혜산 8,105원이다. 공식 환율과 무려 80배나 차이가 난다. 1달러를 공식 환율로 바꾸면 107북한 원에 불과하지만 시장 환율로는 8,000원 넘게 받을 수 있다.

북한의 경제 정책

경제 건설의 비전, 목표와 전략

북한은 사회주의 경제 강국 건설을 목표로 경제 정책들을 추진하고 있는데, 북한이 말하는 경제 강국은 자립성과 주체성이 강하고 과학 기술을 기본 생산력으로 해서 발전하는 나라를 지칭한다. 국방 건설, 경제 건설과 인민 생활에 필요한 물질적 수단들을 자체로 생산 보장하며 과학 기술과 생산이 일체화되고 첨단 기술 산업이 경제 성장에서 주도적 역할을 하는 경제 강국, 지식 경제 강국이 바로 사회주의 경제 강국이라고 주장하고 있다.

경제 강국을 수행하기 위한 전략적 노선으로는 자력 자강의 정신과 과학 기술로서 인민경제의 주체화, 현대화, 정보화, 과학화를 높은 수준에서 수행할 것을 제시하고 있다. 북한이 경제 강국 실현을 위해 이러한 노선을 제시한 것은 지속적으로 강화되고 있는 국제 사회의 대북 제재에 의한 경제 건설의 한계를 해결하기 위한 자구책이기도 하다.

국가 경제 발전 5개년(2016~2020) 전략

김정은 정권의 경제 정책과 전략을 이해하기 위해서는 2016년 5월 당 7차 대회에서 제시된 국가 경제 발전 5개년 전략을 이해하는 것이 중요하다. 북한은 당면 과제로 국가 경제 발전 5개년 전략을 제시했다. 이는 1990년대 이후부터 침체되어 있는 경제 전반을 활성화하고, 경제 부문 간의 균형을 보장해 국가 경제가 지속적으로 발전할 수 있도록 토대를 마련하기 위해서이다.

북한 최고인민회의 제13기 제4차 회의는 2016년 5월 당 7차 대회에서 제시된 국가 경제 발전 5개년 전략의 인민경제 활성화에 주력하기로 결정했다. 이를 위해 내각은 당의 핵·경제 병진 노선을 중심으로 에너지 문제 해결과 인민경제 선행 부문, 기초 공업 부문 정상화, 농업 및 경공업 생산 증산 등을 중심 과업으로 설정했다. 구체적으로 2020년까지 석탄 생산을 높이고, 금속 공장의 주체철 생산 토대를 공고히 함으로써 전반적인 생산 공정의 기술 장비 수준을 높여 합금강 및 규격 강재 등 철강 재생산을 늘리기로 결정했다. 그리고 화학 제품 생산의 주체화를 통해 화학 공업을 〈새로운 토대 위에 올려 세우는 것〉을 중요 과업으로 제시했다. 또한 5개년 전략 수행 기간 동안 연간 철도 화물 수송량을 높이고, 농산·축산·수산을 3대 축으로 식량 문제, 즉 먹거리 문제를 해결하며, 경공업 발전에 박차를 가함으로써 소비품 문제의 기본적 해결을 통해 인민 생활의 향상에 결정적 전환을 가져오기로 했다.

북한의 대내 경제 정책

경제 정책 주요 노선

우선 김정은 정권은 과학 기술 중시를 사상 중시, 총대 중시와 함께 사회주의 강국 건설의 3대 기둥의 하나로 제시해 놓았다. 북한은 과학 기술 인재 육성에 총력을 기울이고 있으며, 기술 집약적 산업과 현대화된 경제를 운영해 나갈 수 있는 관리들을 계획적으로 양성하고 있다. 두 번째 노선은 원료, 연료, 설비의 국산화이다. 북한은 자립 경제 강국 건설에 필요한 원료와 연료, 그리고 설비의 국산화를 핵심 정책으로 내세우고 있다. 세 번째 노선은 인민경제의 현대화·정보화이다. 이를 위한 전략적 목표는 모든 생산 공정을 자동화·지능화하고, 공장과 기업소들을 무인화하는 것이다. 북한은 현대화·정보화 노선에서 중핵을 이루는 것이 바로 국산화라고 강조하고 있다.

경제 관리 개선 조치

북한은 경제 관리의 기본 원칙으로 경제 관리에서 내각의 역할을 강조한다. 그리고 그 기본 전제로 세 가지 조건을 주문한다. 첫 번째, 북한은 경제 관리가 기본적으로서 당의 경제 건설 노선과 정책에 철저히 의거해야 한다고 밝히고 있다. 즉 당의 정치적 지도가 우선이라는 것이다. 두 번째, 사회주의 원칙을 확고히 지키면서 경제적 실리를 보장하는 것이다. 즉 사회주의 경제 관리는 변화된 환경과 조건에 능동적으로 대처하기 위한 집행적 역할이고, 사회주의 체제 질서를 흔들어서는 안 된다는 입장이다. 세 번째, 모든 문제를 혁신적 안목에서, 또한 발전적 견지에서 보고 풀어 나갈 것을 주문하고 있다. 즉, 다른 나라의 경험을 활용하는 데 있어서 당의 정책과 현실에 적용 가능한 것인지 분석한 뒤 북한의 실정에 맞게 재창조해 받아들일 것을 강조하고 있다.

김정은 정권은 시장 경제 운영 방식을 대폭 수용하고 있다. 경제 관리 방법으로 시장 경제의 주요 상품 유통 법칙인 수요와 공급 사이의 균형을 강조하고 있다. 공장과 기업소에 계약 규율을 철저히 세울 것과, 상품의 규격화 사업을 발전시켜 제품의 질을 담보하고 원가와 노동 생산성을 높일 것을 주문하고 있다. 또한 경쟁을 활발히 벌일 수 있는 법적·제도적 장치를 마련해 경쟁에서 도태되는 단위는 과감히 정리할 것을 요구하기도 한다. 특히 북한의 모든 공장, 기업소, 협동단체는 사회주의 기업 책임 관리제로 운영되면서 생산 계획, 재정 관리, 노동력 확보, 무역 등을 자체적으로 추진하고 있다. 기업들이 기업 소득의 일정 비율을 국가와 지방에 납부하면 그 외 소득으로 독자적 운영이 가능한 제도로, 자율성이 상당히 높아지게 되었다. 또한 사회주의 노동 보수제에 대한 개선도 강조하고 있다. 지식 경제 시대에는 〈뚝심으로 비약의 길을 열어 승리자가 되겠다는 사람은 시대의 낙오자〉라며 노동 생산성에서도 패러다임의 변화를 촉구하고 있다. 북한은 현재 사회주의 과도기 상황에서 노동의 양과 질에 의해 일한 것만큼, 번 것만큼 분배하고 있으며, 실제로 이러한 정책에 맞춰 새로운 노동 보수 계산 지불 방식을 실시 중이다.

2012년 김정은 정권은 공식 출범하자마자 일부 경제 단위에서 새로운 경제 관리 개선 조치를 추진했다. 이 시범 조치는 〈6·28 새로운 경제 관리 체계〉 혹은 〈새로운 경제 관리 방법〉, 〈우리식의 경제 관리 방법의 완성〉 등으로 불렸다. 〈새로운 경제 관리 방법〉은 지난 2002년에 취한 7·1 조치를 계승, 발전시킨 것으로 파악되고 있다.

김정은 정권이 추진하고 있는 〈새로운 경제 관리 방법〉의 주요 특징은 다음과 같다. 우선 경영 권한을 현장에 보다 많이 부여했다. 김정일 시대와 달리 공장·기업소에 〈경영 전략〉이라는 이름 아래 기업 자체의 계획에 따른 원자재 거래, 생산 품목·가격·임금 결정, 수익금의 사용 권한, 생산물의 자율 판매 권한을 적극 부여 및 확대해 주고, 기업소 자체의 현금 계좌 및 외화 계좌 개설도 허용했다. 생산성을 높이기 위해 사회주의 분배 원칙에 따라 노동자들이 노동 성과만큼, 생산한 것만큼 받아 가도록 임금을 현실화해 사실상 유일 임금제를 폐지했다.

또한 김정일 시대에 잠시 시범적으로 시행해 보았고, 사실상 묵인하에 일부 협동농장에서 시행해 오던 포전 담당제(작업 분조 3~5명으로 축소)를 대부분 협동농장에서의 실시를 목표로 시범 시행하며, 국영기업소와 마찬가지로 확대된 방식의 경영 자율권을 부여했다. 이는 전문가에 따라 1980년대 중국의 〈방권양리(放權讓利)〉 개혁과 유사하다는 견해도 제기된다. 국가 분배에는 농업 자재·농지 사용료가 포함되어 있다. 그리고 상업·유통 기관과 공장 가동이 되지 않는 중소 규모의 지방 공장들에 한정해서 개인 투자와 개인 노동력 고용을 허용해 민간 부문의 투자를 유도하고 있다. 김정은 정권은 시장 활동에 의해 자유롭게 형성된 시장 가격을 기준으로 경제 단위의 자율권을 허용하고 있다.

북한의 대외 경제 정책(외자 유치 정책)

북한은 경제개발구 추진 등을 통해 대외 경제 확대 정책을 밀고 나가고자 한다. 이는 외화 획득과 함께 선진 기술을 받아들여 북한 기업의 경쟁력을 높이는 지방 경제 발전 전략의 일환이다. 또한 지식 경제로의 전환 노선에 따라 첨단 기술 기업들과 접촉해 관련 기술 및 지식을 축적하는 하나의 방안으로 인식하고 있다. 하지만 그동안 추진했던 경제개발구에 노동 집약적 사업이 압도적 비중을 차지했고, 중국을 중심으로 대외 의존도가 높아지는 등 의도에 어긋나는 현상이 나타났다.

이런 상황에서 북한은 2016년 경제개발구법의 세부 규정을 마련해 왜곡 현상을 잡아 보려고 시도했다. 이 규정에서 밝히는 원칙의 첫 번째는 단계별 개발이다. 초기에는 비교적 작은 규모에서 추진하고 점차 그 성과를 확대해 나간다는 것이다. 두 번째는 투자 유치의 다각화 원칙이다. 몇 나라에 집중되는 현상을 없애고 많은 나라의 다양한 투자자를 대상으로 유치 활동을 벌여 나간다는 것이다. 세 번째는 자연 생태 환경 보호 원칙인데, 국제적 기준에 따라 친환경 기업을 받아들이고 경영 활동 과정에서 오염물이 배출되지 않게 하겠다는 것이다. 네 번째는 토지와 자원의 합리적 이용 원칙이다. 노동 집약형 기업이나 자원 집약형 기업은 될수록 제한하고 점차 기술 집약형 기업으로 대체하겠다는 것이다.

북한은 기본적으로 외자 유치 장려 및 허용 부문에 대한 투자 보장 정책을 다음과 같이 제시하고 있다. 외국 투자가들은 북한의 공업, 농업, 건설, 운수, 통신, 과학 기술, 관광, 유통, 금융 등 여러 부문에 걸쳐 다양한 방식으로 투자할 수 있다. 국가적으로 장려·우대하는 부문은 외자 유치 관련 기본법인 외국인투자법, 합영법, 합작법, 외국인기업법을 포함한 외국 투자 관련 법규들이 규정하고 있다. 첨단 기술 부문, 하부 구조 건설 부문, 과학 연구 및 기술 개발 부문, 국제 시장에서 경쟁력이 높은 제품을 생산하는 부문에 대한 외국인 투자를 특별히 장려하고 있으며, 장려 기업으로 등록된 외국 투자 기업들은 소득세를 비롯한 여러 가지의 세금 감면, 유리한 토지 이용 조건의 보장, 은행 대부의 우선적 제공과 같은 우대를 해준다. 북한 당국은 특수 경제지대 안에 창설된 외국 투자 기업에 물자 구입 및 반출입, 제품 판매, 노동력 제공, 세금 납부, 토지 이용 등에서 특혜적인 경영 활동 조건을 보장하고 있다. 북한은 외국 투자가가 투자한 재산과 이익, 투자 활동으로 벌어들인 합법적 소득을 보호하며, 외국 투자가가 투자한 재산을 국유화하거나 수용하지 않는다고 밝히고 있다.

한편 북한은 외자 유치 제한 및 금지 대상 부문도 다음과 같이 제시하고 있다. ① 나라의 안전과 주민들의 건강, 건전한 사회도덕 생활에 저해를 주는 대상, ② 가공하지 않은 자원을 수출하는 것을 목적으로 하는 대상, ③ 환경 보호 기준에 맞지 않는 대상, ④ 기술적으로 뒤떨어진 대상, ⑤ 경제적 효과성이 적은 대상, ⑥ 식당, 상점과 같은 서비스 부문 대상 등이다.

3
북한의 대외 무역 현황 및 무역 정책

2000년대 이후 북한의 대외 무역은 경제 성장률 추이와 다르게 상대적으로 큰 성장세를 보여 주었다. 2000년 19억 7천만 달러에 불과했던 대외 무역이 2014년 76억 1천만 달러로 크게 성장했고, 대북 제재가 강화되는 국면에서도 2016년 말 65억 3천만 달러 규모에 달했다. 김정은 정권의 출범 전후인 2011~2016년까지 연평균 무역 규모는 68억 1천만 달러로서 김정일 정권 후반기(2006~2010)의 연평균 34억 6천만 달러에 비해 거의 2배나 성장했는데, 이는 다음과 같은 이유 때문이었다.

첫째, 김정은 집권 이후 북한이 무연탄 등 광물 자원의 수출과 노동력 수출을 대폭 늘리고, 이를 통해 획득한 외화로 수입 능력을 확대했다. 둘째, 시장의 양적·질적 성장이 내수 시장 및 소비 시장의 확장을 초래해 무역 수요를 견인

했다. 셋째, 김정은 정권이 외화벌이 증대에 초점을 맞춘 대외 무역 활동의 자율성 확대와 더불어 외화 획득 경로도 다양화하는 대외 경제 정책을 시행했다.

그러나 2016년 2월 4차 핵 실험과 장거리 미사일 발사 이후 유엔 안보리의 대북 제재가 역대 최강 수준으로 부과되면서 2017년부터 북한의 대외 무역은 크게 축소되었다. 코트라(KOTRA) 자료에 따르면, 2018년 남한과의 교역을 제외한 북한의 대외 무역 규모는 전년 대비 48.8퍼센트 감소한 28억 4천만 달러로 집계되었다. 북한은 세계 89개국과 교역했는데, 중국과의 교역액은 27억 2천만 달러로 95.8퍼센트를 차지했고(원유 수입 추정치 포함), 2위 교역국인 러시아와의 교역액은 3천 4백만 달러에 불과했다. 이와 관련해 북한은 중국에 과도하게 의존하는 교역 구조에서 벗어나기 위해 무역 상대국을 다변화하기 위한 정책을 추진하고 있다.

4
북한의 경제개발구 현황 및 개발 상황

김정은 정권은 라선, 황금평·위화도, 금강산, 개성 공업지구 등 4대 중앙 특구 외 지방에도 경제개발구를 지정하는 등 다소 파격적이고 대담한 개방 정책을 추진했다. 기본적으로 중국식 경제특구 정책을 모방해 경제특구, 경제개발구를 중앙급·지방급으로 이원화해서 추진하는 것이 특징이다. 북한은 중앙급 개발구와 시도 개발구 그리고 공업, 농업, 관광, 수출 가공, 첨단 기술 등 분야별로 총 28개 경제특구를 지정해 운영하고 있는 것으로 확인되었다.

북한 외국문출판사는 2018년 「조선민주주의인민공화국 주요 경제지대들」이라는 자료집을 발간했다. 이 자료집에 따르면, 현재 북한은 총 27개 경제특구와 경제개발구를 지정한 상태다. 개성 공업지구는 2018년 자료집에서 빠졌다. 이는 개성 공단의 중단 상황을 반영한 것으로 보인다.

개성 공업지구를 포함하면 모두 28개가 되는 셈이다. 중앙급 개발구로는 원산-금강산 국제 관광지대, 라선 경제 무역지대, 황금평·위화도 경제지대, 금강산 국제 관광특구, 신의주 국제 경제지대, 강령 국제 록색 시범구, 은정 첨단 기술 개발구, 진도 수출가공구 등이 지정되어 있다.

또 자강도에 만포 경제개발구와 위원 공업개발구를, 함경북도에는 청진 경제개발구와 어랑 농업개발구, 온성섬 관광개발구, 경원 경제개발구를, 량강도에는 무봉 국제 관광특구, 혜산 경제개발구를 지정했다. 평안북도에는 압록강 경제개발구와 청수 관광개발구를, 강원도에는 현동 공업개발구를, 함경남도에는 흥남 공업개발구와 북청 농업개발구를 마련했다. 남포시에는 와우도 수출가공구를, 황해북도에는 송림 수출가공구와 신평 관광개발구를, 평안남도에는 청남 공업개발구와 숙천 농업개발구를, 평양시에는 강남 경제개발구를 지정한 상태이다. 분야별로는 복합개발구 10개와 공업개발구 4개, 농업개발구가 3개, 관광개발구가 6개, 수출가공구가 3개, 첨단 기술 개발구가 1개다.

지역별로 보면 경제개발구는 평안북도에 4개, 함경북도에 5개, 자강도에 2개, 량강도에 2개 등 주로 북중 국경 지역에 집중적으로 배치되어 있는 것이 특징이다. 이는 주로 중국으로부터의 투자 유치와 경제 협력을 고려한 조치로 해석된다. 북한은 현실적으로 중국 외 국가로부터 자본을 유치하는 것이 쉽지 않기 때문에 잠재적 투자자로서 중국 기업에 주목하고 있음을 시사하고 있다.

북한의 대표적인 중앙급 경제특구는 [표 2]에서 보는 바와 같이 라선 경제 무역지대(1991년 지정), 개성 공업지구(2002년), 금강산 관광특구(2002년), 신의주 특별 행정 구역(2002년 지정, 이후 2013년에 신의주 특수 경제지대, 2014년 신의주 국제 경제지대로 개칭), 황금평·위화도 경제지대(2011년) 등이다. 북한의 경제특구 정책은 김정은 정권 출범 직후인 2013년을 기점으로 커다란 전환점을 맞이한다. 북한은 최고인민회의 상임위원회 정령 제3192호(2013년 5월 29일)를 통해 〈경제개발구법〉을 채택·공포한 것이다. 이어 2013년 11월 21일 최고인민회의 상임위원회 정령 제3450호로 8개 도에 13개의 경제개발구 창설을 선포했다. 2014년 7월 23일에 6곳을 추가로 발표했고, 농업·관광·무역 기능을 중시하는 것이 특징이다.

구분	라선 (라진·선봉)	신의주	개성	금강산	황금평· 위화도
위치	함경북도	평안북도	황해남도	강원도	평안북도
면적	약 470km²	132km²	66km²	약 100km²	황금평 : 16.0km² 위화도 : 12.2km²
지정일	1991.12 특수 경제지대 2010.1	2002.9 특수 경제지대 2013.11	2002.11	2002.11	2011. 6
유형	경제 무역지대	홍콩식 특별 행정구*	공업 단지	관광특구	경제 무역지대
관련법	라선 경제 무역 지대법	과거: 신의주 특별 행정구 기본법 현재: 경제 개발구법	개성 공업 지구법	금강산 관광 지구법	황금평· 위화도 경제 지대법
주요 기능	첨단 기술 산업, 국제 물류업, 장비 제조업, 무역 및 중계 수송, 수출 가공 금융, 서비스	금융, 무역, 상업, 공업, 첨단 과학, 오락, 관광지구 개발*	공업, 무역, 상업, 금융, 관광지 개발	국제 관광지	정보, 관광 문화, 현대 농업, 경공업

자치권		행정	입법, 행정, 사법*	독자적 지도 및 관리	독자적 지도 및 관리	행정
토지	소유 주체	국가	국가	국가	국가	국가
	개발 주체	개발업자	개발업자	개발업자	개발업자	개발업자
	임차 기간	50년	50년	50년	50년	50년
사용 화폐		북한 원/외화	외화*	외화/ 신용카드	외화/ 신용카드	북한 원/외화
기업 소득세		면세/감면	특별 행정구 결정*	일반 업종 14% 경공업, 첨단 10%	면세	면세/감면
비자 여부		무비자 (출입 증명서)	비자 발급*	무비자 (출입 증명서)	무비자 (출입 증명서)	무비자 (출입 증명서)

[표 2] 북한의 5대 경제특구 현황

주: * 신의주 특별 행정구 기본법 기준

　　지방 단위에서 새로 추진하고 있는 신규 경제개발구 사업은 개성 공업지구나 라선 경제 무역지대, 황금평·위화도 특구 등과 함께 김정은 시대의 대외 개방 정책의 핵심 사업들이자, 지역 균형 발전을 위한 개발 프로젝트로 평가된다. 북한 측은 지금 대북 제재가 높은 수준에서 유지되고 있지만, 이런 조건하에서도 하루빨리 경제 강국 목표를 달성하기 위해 자립적 경제 건설을 추진하면서 동시에 이미 마련된 경제 토대에 기초해 대외 경제 관계를 더욱 확대, 발전시켜야 한다고 인식하고 있다. 특히 지방 경제를 현대화하고 나라의 경제 전반을 균형적으로 발전시키며 가까운 시일 내에 주민 생활의 수준을 획기적으로 높이기 위해서는 각 도마다 자체의 실정에 맞게 경제개발구를 건설하고, 부족한 상품과 기술, 자금 문제를 해결하는 것이 무엇보다 중요하다고 스스로 평가하고 있다. 따라서 북한에서 특수 경제지대로서 경제개발구를 설립한 목적은 대외 경제 거래의 확대를 통해 지방 경제를 활성화시키고, 주민 생활을 개선하는 데 필요한 상품 공급과 기술을 도입할 뿐만 아니라, 부족한 자금 문제를 해결하는 데 있다. 또한 수출 구조를 빠른 시일 안에 개선하고 대외 경제 관계를 확대 발전시키는 것이다.

북한에서 투자가들은 자기의 전문 분야와 희망에 따라 적합한 경제개발구를 선택하고 공업과 농업, 무역, 관광, 물류 등 다양한 분야에서 투자를 진행할 수 있다. 조선민주주의인민공화국 경제개발구법 제28조(하부 구조 및 공공시설 건설)에는 〈경제개발구의 하부 구조와 공공시설 건설은 개발 기업이 한다〉로 명시되어 있다. 다른 나라 개발 기업이 국가로부터 개발 사업권 승인을 받아 경제개발구의 하부 구조 시설을 개발하고, 그 개발구에 창설되는 외국 투자 기업에 토지를 임대해 주는 유형의 개발 방식도 있다. 그리고 다른 나라 기업들과 북한 기업이 합영 방식으로 개발 기업을 창설하고, 국가로부터 개발 사업권 승인을 받아 공동으로 경제개발구의 하부 구조 시설을 개발하고 외국 투자 기업에 공동으로 토지를 재임대해 주는 유형의 개발 방식도 도입했다.

북한은 경제지구 투자 유치를 위해 투자 기업에 대한 안전과 권리 보장은 물론 토지 사용료 면제, 50년 임대 보장 등의 혜택을 마련해 놓았다. 경제개발구법에 따르면, 투자자들의 경제 활동을 보장하고 그들의 권리와 이익, 신변 안전을 법적으로 보호한다. 특히 북한은 첨단 과학 기술 부문에 투자하는 기업에 대해 토지 위치 선택 우선권과 토지 사용료 면제 혜택을 제공한다. 관광업, 호텔업 투자자에 대해서도 우대한다. 또 경제개발구에서 10년 이상 운영하는 기업에는 기업 소득세를 감면해 주고, 이윤을 재투자해 5년 이상 운영 시에는 재투자분에 대해 기업 소득세를 50퍼센트 환급해 주겠다는 방침이다. 북한은 투자 기업에 토지 임대 기간을 최고 50년까지 보장하고 수출 상품에는 관세를 부과하지 않는 등 편의를 제공하겠다고 밝히고 있다.

종합하면, 김정은 정권의 경제개발구 정책은 아버지 김정일 시대와는 다른 몇 가지 특징을 보인다.

첫째, 북한의 경제개발구 정책이 기존의 한정된 지역 중심에서 북한 전 지역을 대상으로 외자를 유치하는 새로운 단계를 보여 준다. 전 지역에 걸쳐 지정한 경제개발구는 김정은 시대의 경제특구 정책이 점(點)에서 선(線) 개방으로 확대되고 있음을 상징적으로 시사해 준다. 김정은 정권은 중앙 혹은 지방 정부 자체의 필요에 따라 경제특구를 창설할 수 있도록 하고 있다. 김정은은 2013년 3월 당중앙 전원회의에서 〈각 도들 자체의 실정에 맞는 경제개발구들을 내오고 특색 있게 발전시켜야 한다〉라고 지침을 내린 바 있다.

둘째, 중국의 경제개발구 모델을 참조해 지역 실정에 맞는 현실적·실용적 개발 계획을 수립하고, 외자 유치를 위한 구체적인 조건과 환경을 만들기 위해 노력하고 있다. 김정은 시대에 새로 조성된 특구들은 단일 기능과 복합 기능 경제개발구를 구분해서 전자는 공업개발구, 농업개발구, 관광개발구, 수출가공구, 첨단 기술 개발구 식으로 특화된 소규모 경제특구 개발을 지향하고 있고, 후자는 단일 기능의 경제개발구가 두 개 이상 포함된 경우를 지칭한다.

셋째, 북한 측은 많은 경제개발구를 지정했지만, 우선 성공 가능성이 높은 지역에서 성공 모델을 만드는 데 집중하고 있다. 북한의 한정된 인적·물적 자원을 감안한다면, 이런 선택과 집중 전략은 현명한 접근 방식으로 평가된다. 또한 북한은 경제특구 개발을 통해 무역 구조의 변화를 모색하려는 의도도 보여 주고 있다. 예를 들면 북한은 진도 수출가공구 사업이 순조롭게 추진되어 향후 각 도에 여러 수출가공구를 조성해서 다양한 수출 제품을 생산하게 되면 기존 광물 자원 중심의 수출 품목 구조에서 탈피해 대외 무역의 다각화·다양화가 촉진될 것으로 기대하고 있다.

넷째, 북한은 외화벌이를 위한 다양한 국제 관광 상품을 선보이는 동시에 전국 단위로 관광특구를 건설하려는 계획을 세우고 있다. 북한은 관광 산업에 대한 발전 의지를 경제개발구의 개발로 더욱 구체화하려 하고 있다. 관광 전문 개발구인 온성섬 관광개발구, 신평 관광개발구, 압록강 경제개발구, 만포 경제개발구, 혜산 경제개발구를 비롯해 상당수 경제개발구에는 관광특구 조성 계획이 별도로 포함되어 있다. 경제개발구법은 경제개발구마다 지역 관광 자원을 개발하도록 하고, 경제개발구의 개발 기업에 관광업과 호텔업 경영권을 취득할 때 우선권을 부여하고 있다(경제개발구법 제49조).

구분	김정일 시대	김정은 시대
내부 개혁 조치	7·1 경제 관리 개선 조치	6·28 새로운 경제 관리 방법
개방 방식	점(點) 형태 개방	선(線) 형태 개방
대내 경제와의 관계	특구와 내지(內地)의 분리 -북한 국내 산업 및 기업과 분리 운영	특구와 내지의 연계 -국내 산업 및 기업과 연계 가능
특구 형태	종합형 특구(중앙급) *남한 자본이 단독 투자하는 개성 공업지구, 금강산 관광특구는 단독형 특구	중앙급/지방급 특구로 이원화 특구의 다양화 -종합형·부문형·특화된 단입형 특구 등
특구 개설 기관	중앙지도기관	중앙지도기관, 도 (직할시) 인민위원회
특구 개설 지역	동서남부 변방	각 도·시, 내륙
특구의 지향	경제 분야에서 특혜 정책이 설시되는 특수 경제지대(타선 경제 무역지대법)	경제 활동에 특혜가 보장되는 특수 경제지대 (경제개발구법)
특구 개발 목적	외화 획득과 제한된 개방 지역의 경제 개발	외화 획득과 지역 균형 발전, 주민 생활 향상, 무역의 다각화 및 다변화

[표 3] 김정일과 김정은 정권의 경제특구 정책 비교

남북 경협 추진 환경

1
남북 경협 추진 현황

주요 제도적 장치들

북한은 기본적으로 남북 경협 사업은 2000년 1차 남북정상회담을 통해 도출된 6·15 남북공동선언의 채택을 계기로 본격적으로 추진하게 되었다고 밝히고 있다. 2000년 남북 간에는 4개의 합의서(남북 사이의 투자 보호에 관한 합의서, 남북 사이의 소득에 대한 이중 과세 방지 합의서, 남북 사이의 청산 결제에 관한 합의서, 남북 사이의 상사 분쟁 절차에 관한 합의서)가 채택되었다. 2002년에 금강산 관광지구와 개성 공업지구의 관리 운영을 위한 법규들(금강산 관광지구법, 개성 공업지구법)도 작성, 공포되었다.

한편 북한은 2005년 7월 6일 남북 경제 협력 사업 전반을 규제하는 북남경제협력법을 최고인민회의 정령으로 발표했다. 총 27개조로 구성되어 있는 북남경제협력법에는 남북 경제 협력의 정의와 원칙, 남북 경협 사업 추진의 절차와 질서, 제재, 분쟁 해결 등에 이르는 경제 협력에서 제기되는 일반적 문제들을 포함하고 있다. 2004년 1월에는 개성 공업지구와 금강산 관광지구의 출입 및 체류에 관한 합의서가 채택되었다.

3대 경협 사업의 추진

철도 도로 연결 사업은 동해선·서해선 철도 도로 연결 착공식 개최(2002. 9. 18), 동해선 임시 도로 완공 및 시범 답사(2003. 2. 14), 서해선 임시 도로 완공 및 현지 답사(2003. 2. 21), 남북 철도 연결 구간 열차 시험 운행(2007. 5. 17) 등의 순서로 추진되었으나, 2008년 12월 이후 열차 운행이 중단되었다.

금강산 관광 사업은 첫 금강산 관광 실시(1998. 11. 18), 북한 금강산 관광지구를 특수 경제지대로 선포(2002), 육로 관광 개시(2003), 내금강 관광 시작(2006), 승용차 관광 개시(2008) 등이 추진되었으나, 2008년 7월 금강산 관광객 피살 사건 이후 중단되었다. 금강산을 다녀간 관광객 총수(누적)는 192만 6,665명에 이르렀다.

개성 공단 사업 및 개성 관광 사업은 공장 건설 착공식 및 첫 제품 생산(2004. 12), 개성 관광 실시(2007. 12), 개성 공단 잠정 중단(2013. 4~8) 및 재가동 등을 거쳐 전면 폐쇄 (2016. 2)되었다.

북한 주요 인프라 현황

북한이 만든 자료(조선민주주의인민공화국 투자 안내, 2016년 발간)에 따르면, 북한의 주요 인프라는 전기와 물 공급, 도로, 철도, 통신, 제한된 해외 시장과 연결된 항구 등으로 구성된다. 아래 내용은 북한이 스스로 밝힌 인프라 현황이다. 주요 에너지 자원은 석탄과 물이다. 현존 발전 능력은 약 980만 킬로와트이며, 이 중 수력 발전소와 화력 발전소는 전력 생산 및 공급에서 차지하는 비중이 각각 56퍼센트와 44퍼센트이다. 북한은 날로 늘어나는 전력 수요를 충족시키기 위해 현존 수력 발전소들과 화력 발전소들을 개건하고, 현대화와 대규모 수력 발전소 건설에 많은 투자를 하고 있으며, 풍력·지열·태양열을 비롯한 자연 에너지를 합리적으로 개발하고 이용하기 위한 사업에도 집중하고 있다.

철도는 주요 운수 수단이다. 상기 자료에 따르면, 철길의 총 길이는 8,300여 킬로미터이며, 1993년에 기본적으로 간선 철길의 전기화를 실현했다. 주요 간선은 평양-신의주, 평양-원산, 평양-개성이다. 철도와 도로를 통해 북부 국경을 거쳐 러시아와 중국으로 나가거나 들어올 수 있다. 도로의 총 길이는 약7만 8,700킬로미터이다. 주요 고속도로는 평양-신의주, 평양-남포, 평양-개성, 평양-원산, 평양-향산이다. 모든 도(道)와 시, 군, 리, 동(읍)들과 공장, 기업소들은 도로망과 철도망으로 연결되어 있다.

국제 비행장으로는 평양 국제 비행장이 있다. 평양에서 중국 베이징과 선양, 러시아 블라디보스토크를 오가는 국제 정기 항로와 평양-상하이, 평양-쿠웨이트 사이의 비정기 국제 항로가 있다. 또한 평양에서 삼지연, 어랑, 이주, 선덕 등 지방을 오가는 국내 정기 항로가 있다. 여행자들은 사전 예약에 따라 평양과 지방 사이의 전용 비행기를 이용할 수 있다.

주요 무역항으로는 서해안에 남포항, 해주항, 송림항이 있으며, 동해안에는 청진항, 라진항, 김책항, 흥남항, 단천항, 원산항, 선봉항이 있다. 이 중 남포항이 북한에서 제일 큰 무역항이며, 남포항과 세계 10여 개국 주요 항구 사이에 정기선이 운영되고 있다. 전국적으로 광섬유에 의한 유선 전화망과 3세대 이동 통신망이 구축되어 있으며, 인터넷 서비스망이 운영되고 있다. 국제 지급 운송 서비스를 위해 DHL, TNT, EMS 사무소들이 평양에서 운영되고 있다.

북한 기업의 변화

김정은 시대 북한 기업들의 변화

북한의 기업소는 일정한 노동력과 설비, 자재, 자금 등을 갖추어 생산 활동을 진행하면서 얻은 수입으로 지출을 보상하고, 채산을 맞추면서 경영 활동을 진행한다. 그러나 여기서 유의할 대목은, 북한의 일반적인 기업이나 공장의 경영이 자본주의와 다른 가장 큰 특징은 북한 기업관리 체계에서 기업은 행정적 지도뿐 아니라 당적 지도에 종속되어 있다는 점이다. 지배인의 권한으로 기업을 운영하는 것이 아니라 최고 지도 기관인 당위원회에서 주요한 문제들을 결정한다.

지식 경제 시대 도래에 따른 적극적 대응의 필요성

북한 당국은 기업들이 지식 경제 시대 요구에 맞게 지식 집약형 기업, 기술 집약형 기업으로 변신해야 한다고 강조했고, 기업들은 자체적으로 경영 관리 기조를 지식 집약형, 기술 집약형으로 전환시키는 데 초점을 맞추고 있다. 지식 경제 시대의 요구에 맞는 경제 구조의 완비를 강조하고 있는데, 이는 한마디로 첨단 산업 위주의 자립적인 경제 구조를 형성한다는 것을 의미한다. 그렇다고 기존의 전통 산업을 배제하는 것이 아니라, 전통 산업도 지식의 힘으로 운영되어야 한다는 입장을 견지하고 있다. 북한 당국은 지식 경제 시대에 걸맞은 기업관리 운영을 추진하기 위해 기업소법을 개정하고, 새로운 제도로서 사회주의 기업 책임 관리제를 도입했다.

사회주의 기업 책임 관리제의 도입

오늘날 북한 기업의 관리 방식과 역할의 변화는 2019년 개정된 헌법에 처음으로 명시된 사회주의 기업 책임 관리제라는 새로운 제도의 도입에 따른 필연적인 현상으로 볼 수 있다. 사회주의 기업 책임 관리제는 〈공장, 기업소, 협동단체들이 생산 수단에 대한 사회주의적 소유에 기초해 실제적인 경영권을 갖고 기업 활동을 창발적으로 함으로써 당과 국가 앞에 지닌 임무를 수행하며, 근로자들이 생산과 관리에서 주인으로서의 책임과 역할을 다하게 하는 기업관리 방법〉이다. 북한 측 주장에 따르면, 사회주의 기업 책임 관리제는 김정은 위원장이 2014년 발표한 이른바 〈5·30 담화〉에 근거해 제도화되었다. 김정은 위원장은 새로운 기업 경영 관리 방침을 전달하면서 특히 과학 기술의 활용을 강조하고 있다.

국제 사회의 대북 제재와 자강력 제일주의

북한은 제재하에서도 모든 공장, 기업소들의 생산 정상화를 추진해 왔으며, 이 목표를 달성하는 데 가장 큰 애로 요인들로 꼽히는 원료, 연료, 자재와 설비 등의 부족 현상을 스스로 극복할 것을 주문하고 있다. 북한 당국은 국제 사회의 경제 봉쇄와 제재가 계속되고 있는 상황에서 원료, 연료, 자재와 설비를 수입에 의존할 수 없기 때문에 오직 자체의 힘과 기술에 의거해 해결할 것을 요구한 것이다. 이에 따라 북한 기업들의 부담이 그 어느 때보다 많아졌다고 할 수 있다.

김정은 시대의 기업관리 방식과 역할 변화의 특징

과학 연구와 기술 연구 개발 중시

북한 기업들에 있어 지식 경제 건설은 경제 강국 건설을 위한 높은 단계의 전략적 과업이며, 반드시 해결해야 할 현실적 과제이다. 따라서 북한 기업들은 신제품 개발을 중요한 경영 전략의 하나로 수립하고, 이를 철저히 관철해 나가야 한다. 그러므로 북한 당국은 공장, 기업소들에서 생산과 기술 관리 공정을 개발 창조형으로 전환시켜야 한다고 촉구하고 있다.

지적 경쟁력, 지식 관리 중시

공장, 기업소의 실정에 맞게 기술 개발 역량을 구축하는 것이 북한 기업들의 중요한 과제이다 보니 종업원들 가운데 과학 기술에 재능이 있는 인재를 발굴해 체계적으로 키우는 등 전문 교육과 재교육 등을 통한 인재 양성 사업이 갈수록 중요하게 다루어진다. 기업관리에서도 지식 관리가 중요시되고 있다. 북한은 기본적으로 기업체의 세계적 경쟁력을 제고하는 것이 목표이고, 이를 위해서는 지식 관리가 중요하다고 인식한다.

생산과 경영의 정보화와 첨단 산업 중시

지식 경제 시대에는 기계 및 기술에 기초한 경제와 달리 정보 설비가 생산의 중요한 요소로 다루어진다. 정보 설비는 최신 과학 기술의 성과가 체현된 지능 설비로 규정된다. 북한은 사회주의 강국 건설에서 중요한 과제란 모든 부문을 첨단 과학 기술에 기초해 세계적 수준에서 정보화하는 것으로 간주하고 있다. 정보화는 인민경제의 모든 부문에서 생산과 경영 활동을 정보 기술에 기초해 진행하는 것을 의미한다.

최대한의 실리 확보와 경쟁 중시

오늘날 북한 기업들은 사회주의 원칙, 우리식 경제 관리 방법의 틀 내에서 실리를 극대화할 수 있는 경영 방법을 모색하고 있다. 북한 당국은 수요와 공급 사이의 균형, 제품의 질 담보 및 원가와 노동 생산성 제고, 경쟁의 법, 제도적 보장 등을 강조하는데, 특히 사회주의 경쟁이 경제 강국 건설을 위한 중요한 조건이 된다고 본다.

기업 전략, 경영 전략의 강조 등 전략적 관리 능력의 중시

오늘날 북한 기업들에는 과학적인 경영 전략 및 기업 전략 수립도 중시되고 있는데, 사회주의 기업 책임 관리제의 요구에 맞게 기업관리를 전략적으로 실현해야 하는 것이다. 김정은 시대에 들어와 기업 전략에 경영 전략이 추가된 바 있는데, 북한 내 사회주의 기업체들은 기업 활동을 주동적으로, 창발적으로 함으로써 수입과 지출을 맞추고, 국가에 이익을 주며, 종업원들의 물질문화 생활을 책임지고 향상시키는 것이 의무이다. 이를 위해서는 기업들이 사회주의 기업 책임 관리제에 따라 부여받은 경영권을 올바르게 행사해야 한다.

북한 기업들은 국가의 경제 발전 전략에 기초해 자기 실정에 맞는 합리적이고 효율적인 경영 전략, 기업 전략을 세우고 기업 활동을 주동적으로, 창발적으로 벌여 당과 국가 앞에 지닌 임무를 수행하며, 근로자들이 생산과 관리에서 주인으로서의 책임과 역할을 다하도록 요구받고 있다. 특히 북한 기업들에는 생산 제품의 경쟁력을 제고하는 것이 중요한 과제로 등장했는데, 이를 위해서는 과학적인 경영 전략과 기업 전략에 기초해 지속적으로 혁신하지 않고서는 경쟁력을 유지하기 어렵다고 강조하고 있다.

4
노동 정책

교육 및 직업 제도

북한에는 12년제 무료 의무 교육과 고등 교육 체계에서 교육을 받은 기업관리 인력과 과학 기술 인재들이 있다. 북한에는 302개 대학(2014년 기준)이 있으며, 그중 일하면서 배우는 대학은 155개로 알려져 있다. 북한 측에서는 다양한 경제 부문에서 외국인 투자가들과 협력할 수 있는 풍부한 인적 자원이 준비되어 있다고 홍보한다. 북한 측이 밝힌 노동 인구는 1,218만 명(2008년 기준)이다.

노동력 채용 정책

한국을 포함해 북한에 진출한 외국 기업이 필요 인력을 현지에서 채용해야 할 경우, 기업은 스스로 인력을 모집해 선발할 수가 없다. 기업은 필요 인력에 대해서 그 수를 사전에 북한 측에 알리고, 반드시 그들이 제공하는 인력만을 공급받아야 한다. 이와 관련해 외국 투자 기업 노동 규정(이하 노동 규정) 제11조는 〈외국 투자 기업은 로력 알선 기관과 로력 채용 계약을 맺고 그에 따라 로력을 받아들여야 한다〉고 명시하고 있다. 인력 채용 계약 시에는 업종별·기능별·인력 수·채용 기간·인력비·노동 생활 보장 등을 규정하도록 되어 있다. 북한에서는 외국 기업이 독자적으로 채용 광고 등을 통해 노동력을 직접 모집하는 것을 금지하고 있다. 중국이나 베트남이 노동력 알선 기관 또는 주무 행정 기관으로부터 추천이나 계약에 의해 종업원을 채용하는 방식 외에도 직접 모집 방식이 가능한 것과 비교하면, 북한에서는 외국 기업의 입장에서 볼 때 채용 단계에서 노동력의 질을 평가해 선별 채용하는 데 있어 불리하다고 할 수 있다.

북한에서 노동에 대한 권리는 근로자가 직업을 보장받을 권리일 뿐만 아니라 부당한 이유로 해고를 당하지 않을 권리이다. 이에 따라 국가 기관이나 기업소는 일시적으로 노동력이 남는다고 해서 근로자들을 마음대로 해고할 수 없다(북한 노동법 제34조 제2항). 그러나 노동 규정에는 해고와 사직을 인정하고 있으며, 구체적으로 그 사유와 절차 및 퇴직금을 규정하고 있다. 즉 외국 투자 기업은 일정한 경우에 직업 동맹 조직, 해당 노동력 알선 기관과 합의하고 채용 기간이 끝나기 전에 근로자를 해고할 수 있다(노동 규정 제15조). 사회주의 노동법 제16조에 따르면, 북한에서 근로자들의 하루 노동 시간은 8시간이다. 다만, 〈국가는 로동의 힘든 정도와 특수한 조건에 따라 하루 로동 시간을 7시간 또는 6시간으로 한다〉, 또한 〈3명 이상의 어린이를 가진 녀성 근로자들의 하루 로동 시간은 6시간으로 한다〉고 규정하고 있다.

외국 투자 기업은 북한의 헌법과 사회주의 노동법에 따라 종업원을 〈명절〉과 〈공휴일〉에 근로시키지 않아야 하고, 〈정기 및 보충휴가〉와 〈산전·산후 휴가〉를 주어야 한다고 노동 규정(제24조)에 명시하고 있다. 이는 외국 투자 기업도 휴일과 관해서는 북한 노동법을 적용받음을 명시한 것이며, 이에 따라 외국 투자 기업에서 근로하는 북한 근로자의 경우, 명절 및 공휴일에 휴식할 수 있는 일수는 연간 18일, 정기휴가 14일, 보충휴가 7~21일(보충휴가는 지하, 고열 및 유해 근로 부문과 중근로 부문, 정신적 피로를 많이 받는 부문에서 일하는 종업원에게 직제, 직종에 따라 주는 것임), 산전(60일)·산후(90일) 휴가 총 150일의 유급

2장 남북 경협 추진 환경

휴가를 부여해야 한다.

북한은 임금이라는 말을 쓰지 않는다. 그 대신 〈생활비〉
또는 보다 협의로 〈노동 보수〉라는 용어를 사용한다. 기업
은 근로자에게 임금과 상여금뿐만 아니라, 각종 상금 등의
추가적 노동 보수와 함께 보조금도 지급해야 한다. 외국 투
자 기업이 기본 노임 및 추가 급부 이외에 근로자에게 지급
해야 하는 것으로 휴업 보조금, 휴일 및 야근 시의 가급금
및 휴가비 등이 있다. 외국 투자 기업은 노임, 가급금, 장려
금, 상금을 일을 한 실적에 따라 정확히 계산해서 제공해야
한다.

북한 노동법에서는 기업과 근로자 간의 분쟁에 대해서
구체적으로 언급하고 있지 않다. 국가에 의해 강제로 직장
에 배치되는 구조하에서는 분쟁이 일어날 여지가 없으며,
국가의 계획에 의한 분배 시스템에서 분쟁이 일어난다고
해도 자본주의와 같은 민주적 조정은 기대하기 힘들 것이
다. 한편 외국 투자 기업과 관련해서는 외국인 투자법 제
22조·합영법 제47조 등에서 협의의 방법으로 해결할 것
을 규정하고 있다. 그러나 협의에 의해 해결할 수 없을 경
우에는 북한의 재판 기관 또는 중재 기관에서 해당 절차에
따라 심의 해결하며, 제3국의 중재 기관에 제기해 해결할

수 있도록 규정하고 있다. 북한의 외국 투자 기업이 노동 규정을 위반했을 경우에는 감독 통제 기관인 〈노동 행정 기관〉은 제재를 가할 수 있다.

직업 동맹은 북한에서 〈당과 근로자 계급을 연결하는 고리〉의 역할을 하는 근로자 단체이다. 직업 동맹은 〈외국 투자 기업에 대해 감독과 통제의 역할〉을 수행하는데, 이는 사상 교육 단체로서만이 아니라 북한 근로자의 권리와 이익을 보호하고 근로자를 조직하는 역할까지도 법적으로 인정받았기 때문이다. 직업 동맹은 북한 노동법에 따라 근로자의 권리와 이익을 보호하며, 외국인 기업과 근로 조건 보장 관련 계약을 맺고, 그 이행을 감독하는 역할을 수행하고 있다.

구분	내용
근로 시간	• 기준 근로 시간: 1일 8시간, 주 6일 근로 원칙(다만, 근로의 힘든 정도와 특수한 조건에 따라 이보다 짧게 할 수 있음. 계절적 제한을 받는 부문에서는 연간 근로 시간의 범위에서 근로 시간 조정 인정)
휴일 및 휴가	• 휴일: 북한 노동법에 따름. • 휴가: 북한 노동법에 따름(다만, 관혼상제를 위한 1~5일의 특별 휴가 부여).
보수 지급·추가 노동에 대한 보수	• 연장 근로의 경우 노임의 50% 가급금(다만, 명절·야간 근로는 노임액의 100% 가급금) • 휴가 급여: 휴가 3개월 전 평균 임금에 휴가 일수를 계산(휴가 급여 계산에는 임금·가급금·장려금이 포함됨) • 상금: 납세 이윤의 일부로 모범 근로자에게 상금 지급 • 장려금: 임금이나 상금만으로 해결할 수 없는 일을 장려할 목적으로 일을 잘한 종업원에게 지급
보조금	• 일당·시간당 노임액의 60% 이상 보조금 지급
노동 보호 의무 담당자·노동 보호의 내용	• 외국 투자 기업 • 노동 안전 기술 교육의 실시, 탁아소나 유치원의 조직·운영, 노동 보호 용구·직업 필수품·영양 식료품의 지급(경영상 휴업한 경우)
사회 보장 비용 부담자 및 부담 비율	• 외국 투자 기업과 종업원, 기업 소재지 사회 보험 기관과 직업 동맹 조직의 사회 보험 기금 지출 감독 • 기업이 근로자의 급여 지급액의 7%, 근로자는 자기 급여의 1%를 사회 보험 기관에 납부해 사회 보험 기금으로 적립
단체 협약·근로 계약	• 투자 기업은 북한 근로자 사용 시 직업 동맹과 계약해야 함.

분쟁 해결 조항	• 협의 • 협의로 해결 불가능한 경우 재판 기관 또는 중재 기관에서 해결
해고·사직 규정 및 이에 대한 보상금	• 일정 요건하에서 해고와 사직을 예외적으로 인정 – 보조금 지급 의무 – 1년 미만 1개월분 – 1년 이상의 경우 최근 3개월 평균 노임액 – 일한 연도 수에 따라 보조금 지급

[표 4] 외국 기업의 노동 규정 내용

5
금융 제도

북한의 은행은 발권 은행인 중앙은행과 상업 은행, 금융 회사들로 구성되어 있다. 중앙은행은 전반적인 화폐 유통을 책임지고 관리하며, 모든 은행들에 대한 금융적 지도와 감독 통제를 기본으로 하는 국가 금융 지도 기관으로서 국가의 금융 정책 집행을 위한 전략과 금융 사업 관련 규범의 작성, 전반적 금융 관리에 대한 지도와 감독 통제, 발권과 통화 조절, 국고 관리, 외화 관리와 교환, 결제 업무 등을 담당하고 있다. 상업 은행에는 국가 상업 은행, 지역 상업 은행, 외국 투자 은행들이 있다. 국가 상업 은행으로는 무역은행, 대성은행, 고려상업은행, 조선통일발전은행, 일심국제은행 등을 비롯해 수십 개의 은행들이 있다. 지역 상업 은행들로는 2015년 이후 중앙은행 지점에서 분리된 함경북도은행, 자강도은행 등이 새롭게 등장했으나 이들 은행이 실질적으로 독립된 상업 은행의 기능을 수행하고 있는지 여부는 명확히 알려진 바가 없다. 외국 투자 은행으로는 합영 은행, 외국인 은행, 외국인 은행 지점이 있다. 합영 은행들로는 조선합영은행, 대동신용은행, 대성신용개발은행, 오리은행, 제일신용은행 등 수십여 개의 은행들이 있다. 외국인 은행에는 중화상업은행, 두만강은행, 대동강은행이 있다. 그리고 금융 회사로는 라선개발금융회사, 국제무도기금, 조선변호기금 등이 있다.

북한의 보험 체계는 국가보험위원회, 조선민족보험총회사, 각 도·시·군 보험 지사들로 구성된다. 조선민족보험총회사는 국가보험위원회의 지도를 받으면서 법과 보험 규정들에 따라 경영 활동을 진행하며, 해외 재보험 회사들과 재보험 업무 거래를 진행하는 전문 보험 기관이다. 조선민족보험총회사는 생명 보험, 어린이 보험, 불상사 보험, 여객 보험과 같은 인체 보험들과 화재 보험, 해상 보험, 자동차 보험, 농업 보험, 배상 책임 보험 등과 같은 재산 보험 서비스를 제공하고 있다. 이와 함께 특수 경제지대에 투자하는 외국인, 외국 투자 기업들의 생명 및 재산 보호를 위한 가스 사고 배상 책임 보험, 자동차 3자 배상 책임 보험, 건설 3자 배상 책임 보험 등 의무 보험 서비스와 국제적 보험 발전 추세에 맞게 여러 업종의 지원 보험 서비스도 제공하고 있다. 도·시·군 보험 지사들은 조선민족보험총회사의 지도를 받으면서 해당 지역의 보험 업무를 직접 맡아 진행하는 지역적 보험 집행 단위이다.

6

국제 사회의 대북 제재 현황과 남북 경협

유엔 제재

2019년 기준으로 대북 경제 제재 관련 유엔 안보리 결의 안은 총 10회에 걸쳐 채택되었다. 유엔 안보리 결의안 2270호 이전에는 재래식 무기 및 대량 살상 무기(WMD) 관련 스마트 제재였으나, 2270호부터 북한 경제 일반을 겨냥한 포괄적 제재로 변화했다.

무기 금수 및 이중 용도dual-use 품목의 이전에 대한 통제가 강화되었다. 대량 살상 무기 및 관련 품목, 기술의 대북 수출입 및 관련 기술 훈련, 자문, 서비스, 지원은 전면 금지되고 있다. 재래식 무기 관련 물질의 대북 수출입 및 관련 금융 거래, 기술 훈련, 자문, 서비스, 지원도 전면 금지되었다. WMD, 재래식 무기 개발에 기여할 수 있는 〈모든 (이중 용도) 품목〉의 대북 수출입도 금지되고 있는 상태이다

2장 남북 경협 추진 환경

(Catch-all 제도). 그 외 리스트 통제 대상이 아닌 이중 전략 물자의 대북 수출에 대한 통제도 대폭 강화되었다.

무역 제재와 관련해서는 우선 수출 제재(대북 수입 금지)로서 북한산 무연탄·철·철광석·금·은·동·납·납광석·아연·니켈·티타늄·바나듐·희토류, 수산물, 직물 및 의류 완제품 수입이 금지되고 있다. 북한산 식물성 생산품 일부(HS 07/08/12), 기계류 및 전자 기기(HS 84/85), 토석류(HS 25), 선박(HS 89) 등의 수입도 금지된 상태이다. 수입 제재(대북 수출 제한)로서 대북 원유 수출은 연 4백만 배럴 상한선이 유지되고 있고, 정제유 수출은 연 50만 배럴이 상한선이다. 항공유 수출은 금지된다. 단, 인도주의용 및 민항기 해외 급유는 제외된다. 이 외에 기계류 및 전자 기기, 운송 기기(HS 86~89), 비금속(卑金屬, base metal, HS 72~83) 등의 대북 수출도 금지된다.

경협 제재와 관련해서는 북한 근로자의 해외 송출이 금지되고, 기존 송출자는 2018년 내 송환이 완료되어야 한다. 북한 해역 어획권 구매도 금지된다. 그간 중국은 북한 수산 당국(동해) 및 군부(서해)에 입어료를 내고 매년 수백 척을 보내 어로 행위를 진행한 바 있다. 현재 대북 합작 투자를 금지하고, 기존 합작사도 폐쇄하게 되어 있다. 다만, 북중

간 수력 인프라 프로젝트 및 북러 간 라진-하산 철도·항만 프로젝트는 제재에서 제외되었다.

금융 제재와 관련해 WMD와 관계된 북한 기관 자산 동결 및 자산·재원 이전이 금지되고, 대북 무역 관련 공적·사적 금융 지원도 금지된다. 북한 은행의 해외 지점 개설 및 외환 거래 은행망 가입 금지(기존 지점 폐쇄), 해외 금융 기관의 북한 내 지점·자회사·계좌 개설도 금지(기존 지점·자회사·계좌 폐쇄)된다.

화물 제재와 관련해 모든 북한 출발 및 도착 화물에 대한 의무적 검색, 금지 품목 적재가 의심되는 항공기의 북한 이착륙 및 영공 통과 금지, 제재 대상 소유·운영 혹은 의심 선박의 입항이 금지된다. 북한에 대한 항공기·선박 대여 금지, 북한 내 선박 등록 및 북한 선박 사용 금지, 북한 선박 소유·대여·운용·선급·인증·보험 제공 등이 금지된다.

기타 사치품 및 확산 네트워크 제재에는 11개 사치품의 대북 수출이 금지되고, WMD 관련 기관·개인 자산 동결 및 여행 금지, 제재 위반 북한 외교관·정부 대표·외국인 추방 등이 포함되어 있다.

미국 독자 제재

그간 미국은 14개 국내법을 통해 북한을 제재하고 있다. 2000년대 말부터 대통령 행정명령을 통해 대북 제재를 도입하는 경우가 많아졌으나, 이 경우에도 기존 국내법(주로 대외경제비상조치법)에 근거해 발동하고 있다. 미국의 대북 제재는 안보 위협(혹은 국가 비상사태), 공산주의, 테러 지원, WMD 확산 등 4가지 이유에서 부과되었으나 인권 이슈도 부각되고 있다. 북한은 2008년 10월 테러 지원국에서 해제되었으나 2017년 11월 다시 지정되었으며, 이와 별도로 WMD 확산 관련 제재가 강화되는 추세이다. 또한 북한 인권 문제가 대북 제재의 근거로 부상해 2016년 대북 제재강화법에서 구체적 조치로 명문화된 바 있다.

미국의 대북 제재는 다양한 법률과 사유가 중복되어 있어 어느 하나가 해제되더라도 북한에 실질적 혜택이 돌아가기 어려운 구조이다. 2008년 6월 적성국교역법에서 해제되었으나, 관련 제재 중 건별 수입 승인제만 해제되었을 뿐 포괄적 자산 동결은 대외경제비상조치법으로 이관되어 유지(대통령 행정명령 13466호)되고 있다. 테러 지원국에서 해제되었던 기간(2008. 10~2017. 10)에도 ① 수출 제한은 안보 위협·공산주의·WMD 확산, ② 군수품 거래 금

지는 안보 위협·WMD 확산, ③ 국제 금융 기구 원조 금지
는 공산주의, ④ NTR(정상 교역 관계)·GSP(일반 특혜 관
세) 거부는 공산주의 때문에 지속되고 있다.

구분	제재의 이유			
	안보 위협	공산주의	테러 지원국[3]	WMD 확산
적성국 교역법[1] (1917)	건별 수입 승인, 자산 동결			
대외경제 비상조치법 (1977)	수입 금지[2]			해당 기업 자산 동결, 수입 금지[2]
수출관리법 (1979)	수출 제한	수출 제한	수출 제한	해당 기업 수출입 제한 (미사일 확산)
무기수출 통제법 (1968)	군수 품목 거래 금지		군수 품목 거래 금지	• 해당 기업 수출입 제한 (미사일 확산) • 원조, 군수품 수출, 국제 금융 기구· 미국 은행 금융 지원 금지

대외원조법 (1961)		미국·국제 금융 기구 원조 금지[4]	미국·국제 금융 기구 원조 금지[4]	
수출입 은행법 (1945)		수출입은행 보증· 보험· 신용 금지		수출입은행 보증· 보험· 신용 금지
브레튼우즈 협정법 (1945)		IMF 원조 금지[4]	IMF 원조 금지[4]	
국제금융 기구법 (1977)			국제 금융 기구 원조 금지[4]	
무역법 (1974)		NTR·GSP 거부[5]	NTR·GSP 거부[5]	
무역제재 개혁법 (2000)			대북 상업 수출 지원 금지[6]	
이란·북한· 시리아 비확산법 (2000)				해당 기업 군수품· 이중 용도 품목 수출, 미국 정부 조달 계약 금지
핵확산 방지법 (1994)				해당 기업 미국 정부 조달 계약 금지

				핵 협력 협정 발효 금지, 핵 관련 물자 서비스· 기술 이전· 금지
북한위협 감소법 (1999)				
대외활동 수권법 (2006)	채무 경감 금지		미국 원조 금지, 채무 경감 금지, 수출입은행 원조· 차관· 신용· 보험· 보증 금지[6]	핵 관련 장비· 연료· 기술 대북 이전 시 수출입은행 기금 사용 금지

[표 5] 미국의 대북 경제 제재 관련 법률과 내용(2016년 이전 기준)

자료: 임수호, 「미국의 대북 경제 제재 완화와 남북 경협」, SERI Issue Paper, 삼성경제연구소, 2008. 6. 26, p.10.

주: 1) 2008년 6월 대북 적용 해제. 건별 수입 승인제만 해제되고, 포괄적 자산 동결은 유지

2) 2011년 4월 대통령 행정명령 13570호(대외경제비상조치법 근거)로 대북 수입 전면 금지

3) 2008년 10월 대북 테러 지원국 지정 해제. 2017년 11월 재지정

4) 국제 금융 기구 원조 금지는 가입 금지를 포함한다는 것이 일반적 해석

5) NTR(Normal Trade Relations)가 거부되면 최고 관세율(Column2)이 자동 적용되며, GSP(Generalized System of Preference)도 거부.

6) 제제의 사유로 테러 지원국을 명시하지는 않았으나, 테러 지원국

에 지정된 나라들을 특정해 거명한 것으로 볼 때, 테러 지원국 관련 제재인 것으로 판단됨.

2016년 대북제재강화법을 통해 사실상 대북 전면 금수 조치를 재시행하는 모양새가 연출되었다. 2009년 이후 대통령 행정명령을 통해 대북 수출입 통제가 강화되어, 2011년 6월부터 북한 물품의 수입이 전면 금지되었다. 그 후 2016년 대북제재강화법을 통해 북한 정부가 관심을 갖고 있는 거래, 북한산 상품·서비스 거래 등을 금지해 사실상 대북 금수 조치가 재시행되고 있는 상황이다.

대북제재강화법 이전의 실태를 살펴보면, 무기 수출입 제재가 강조되었는데, 무기수출통제법에 따라 안보 위협, 테러 지원, WMD 확산, 유엔 제재 등을 이유로 군수 품목 거래가 전면 금지되었다. 북한산 제품에 대한 전면 금지 조치가 내려졌고, 수입 시에도 최고 관세율이 적용되었다. 1950년 12월 대외 자산 통제 규정(적성국교역법 시행령)을 적용해 북한 상품 수입은 전면 금지되었다. 그 후 1995년 대외 자산 통제 규정의 개정에 따라 마그네사이트 수입이 허용된 바 있고, 2000년 6월 역시 대외 자산 통제 규정 개정으로 건별 승인 조건으로 수입이 허용된 적이 있다. 그러다가 2008년 대외 자산 통제 규정이 다시 개정되어 건별 수입 승인제가 해제되었다. 2011년 4월 대외경제비상조치법에 의거한 대통령 행정명령으로 대북 수입은 다시 전면 금지되었다(대통령 행정명령 13570). 수입 제재가 해제되더라도 무역법에 따라 최고 관세율(Column 2, 최고 110%)이 적용되어 사실상 북한산 제품의 미국 시장 진출은 불가능하다.

대북 수출·투자와 관련해서는 수출관리령(수출관리법 시행령)에 따라 이중 용도 품목 수출이 엄격히 제한되고, 소비재 외 수출·투자가 어려우며, 그나마 수출입은행법에 따라 대북 수출 관련 보증·보험·신용 제공이 금지되고 있다. 1950년 6월 수출통제법(현 수출관리법)을 적용해 미국 상품의 대북 수출을 전면 금지하고 있다. 2000년 6월 수출관리령이 개정되어 미국 소비재 및 금융 서비스 대북 수출 허용, 농업·광업·석유·목재·도로·교통·여행·관광 분야 미국 기업의 대북 투자가 허용된 바 있다. 2017년 11월 테러 지원국 재지정으로 인해 미국 및 제3국의 대북 수출·투자가 더욱 어려워졌다. 수출관리령에 따른 상품 통제 리스트에 등재된 품목은 대북 수출 시 상무부 승인을 얻어야 하며, 제3국의 대북 수출 때도 해당 상품에 미국산 부품·기술이 10퍼센트 이상 포함되면 상무부 승인이 필요하다.

2장 남북 경협 추진 환경

테러 지원국은 E그룹으로 분류되어 가장 엄격한 수출 통제가 실시되며, 군사적 전용 가능성이 있는 경우 승인을 의무적으로 거부해야 한다. 미국의 반(反)테러 관련 대북 수출 통제 품목은 ① 무조건 승인 거부, ② 군수용 승인 거부 및 민수용 건별 승인, ③ 군수 및 핵 관련 승인 거부 및 민수용 건별 승인 등 3개 범주로 구분된다.

자산 동결 및 국제 금융 기구 원조·가입 금지와 관련해서는 대외경제비상조치법에 따라 미국 내 북한 자산은 포괄적으로 동결되고, WMD 확산에 개입한 단체의 자산은 추가적으로 동결된다. 한국전쟁이 일어난 1950년 12월 적성국교역법이 적용되어 미국 내 북한 자산은 이미 오래전에 포괄적으로 동결되어 있는 상태이다. 2008년 일시적으로 적성국교역법에서 해제되었으나, 대외경제비상조치법이 적용되어 포괄적 자산 동결은 지속되고 있다(대통령 행정명령 13466호). 북한은 국제 금융 기구 원조 및 가입도 금지되어 있다. 대외원조법, 무기수출통제법, 브레튼우즈 협정법, 국제금융기구법을 통해 국제 금융 기구의 가입은 물론이고, 이들로부터 각종 원조도 받지 못한다.

2016년에 제정된 대북제재강화법은 사실상 대북 전면 금수의 법적 근거이다. 또한 이 법은 대북 거래에 참여한 제3국까지 제재할 수 있는 근거를 포함하고 있다. 단, 제3국 제재(세컨더리 보이콧)의 발동 여부는 대통령의 재량권에 속한다. 제재 대상자가 될 경우 해당자의 미국 내 자산은 동결 및 몰수당하고, 미국 시민이면 해외 지사의 자산도 동결 및 몰수된다. 외국인은 미국 입국이 금지된다. 제3국 제재는 북한 WMD 개발에 기여하는 행위·거래 가담자, 북한 군수품 및 관련 품목 거래 가담자, 북한 사치품 거래 가담자, 북한 내 자유 억압 및 인권 위반 책임자·가담자, 북한 자금 세탁, 위폐 및 위조 상품 거래, 대량 현금 밀반입, 마약 거래, 여타 불법 활동 가담자 등에 부과된다.

유엔 안보리 결의나 대통령 행정명령에 위배되는 북한 지원 행위 가담자, 북한 사이버 안보 침해 지원·가담자는 정부 조달 참여 금지, 금융 제재, 외환 거래 및 신용·지불 이전 금지, 미국 내 자산을 동결 및 몰수하고, 미국 시민이면 해외 지사의 자산도 동결 및 몰수하며, 외국인은 입국이 금지된다. 미국인이 북한 정부 관심 거래, 북한 내 거래, 북한 원산지 상품·서비스 거래, 재산이 북한 정부로 이전되는 거래를 할 경우 관련 자산이 몰수당하고, 외국인은 입국이 금지된다.

북한의 테러 지원국 재지정 여부와 무관하게 수출관리

령 대상 품목의 대북 수출은 승인을 받아야 하며, 불승인이 기본 원칙이다. 무기수출통제법을 적용해 북한에 대한 군수품 수출은 금지된다. 북한 정부와 금융 거래에 가담한 미국인은 형사 처벌을 받고, 대북 무기 거래 가담국은 대외원조법에 따른 지원이 배제된다.

한국의 독자 제재

북한은 유엔 안보리 제재, 미국 독자 제재와 더불어 한국 정부의 독자 제재도 받고 있다. 이 모든 제재들은 남북 경협에 직접적인 영향을 미치고 있는 것들이기도 하다. 특히 남북 경협의 상징적 사업들인 금강산 관광과 개성 공단 사업이 전면 중단된 것은 이전 정부의 독자적 제재 때문이었다. 2008년 금강산 관광객 피격 사건에 따라 금강산 관광이 중단되었고, 2010년 천안함 폭침 사건에 따라 5·24 조치가 발동되어 개성 공단을 제외한 남북 교역 중단, 대북 신규 투자 금지, 방북 불허, 북한 선박 남측 해역 운항 불허, 대북 지원 원칙적 보류 선언 등이 이루어졌다. 개성 공단 사업은 2016년 북한의 장거리 미사일 실험에 따라 폐쇄되었다.

구분	내용	비고
제재의 이유	위탁 가공 및 경제 협력 사업 외 물자 교류 (농수산물 등)	2010년 5·24 조치로 전면 중단
위탁 가공 교역	개성 공단 외 임가공 (대부분 평양 지역 의류 임가공)	2010년 5·24 조치로 전면 중단
경제 협력 사업	개성 공단, 관광 사업, 자원 개발-경공업 협력, 기타 대북 투자	• 관광 사업: 2008년 민간인 피격 사건 이후 중단 • 개성 공단: 2016년 4차 핵 실험 이후 전면 중단 • 자원-경공업 협력: 정부 차원 시험 추진되다가 2008년부터 중단 • 기타 대북 투자: 2010년 5·24 조치로 전면 중단

[표 6] 한국 정부 독자 제재에 따른 남북 경협 현황

남북 교역 실무 절차

1
남북 교역 개요

용어 정의

교역

교역은 남한과 북한 간의 물품, 대통령령으로 정하는 용역, 전자적 형태의 무체물(이하 〈물품 등〉이라고 한다)의 반출·반입을 말하는 것이며, 용역 및 전자적 형태의 무체물은 대외무역법 제2조 제1호 나목 및 다목에 따른 용역 및 전자적 형태의 무체물과 그 밖에 이에 준하는 용역 및 전자적 형태의 무체물을 말한다.

위에서 말하는 반출·반입은 매매, 교환, 임대차, 사용 대차, 증여, 사용 등을 목적으로 하는 남한과 북한 간의 물품 등의 이동을 말하는 것으로, 단순히 제3국을 거쳐 이동하는 물품 등도 반출·반입에 해당된다.

따라서 제3국산 물품이라고 하더라도 남북 간을 이동하

거나 제3국 보세 구역에서 환적 또는 일시 장치되어 남한 또는 북한으로 이동하는 경우 모두 교역에 해당된다.

남북 교역은 경제적 영리를 추구하는 상업적 거래와 지원성 사업 부문인 비상업적 거래로 구분된다. 상업적 거래에는 일반 교역, 위탁 가공 교역, 개성 공단 사업, 기타 경제 협력 사업 등이 있고, 비상업적 거래에는 대북 지원과 사회 문화 교류 등이 있다.

협력 사업

남한과 북한 주민(법인·단체 포함)이 공동으로 추진하는 문화, 관광, 보건 의료, 체육, 학술, 경제 등에 관한 모든 활동을 말한다. 경제 협력 사업은 주로 남한 사업자가 북한에 투자해 남북 사업자가 공동으로 영리 사업을 벌이고, 이를 통해 상호 간 수익을 창출하는 것을 주된 목적으로 행하는 사업을 통칭한다.

경제 협력 사업은 북한에 투자하는 형태와 운영 방식에 따라 단독 회사, 합작 회사, 합영 회사 등으로 설립하며, 단독 회사는 남한 기업이 단독으로 투자하고 단독으로 회사를 운영하는 것이고, 합작 회사는 남북이 공동으로 투자하고 북한이 회사를 운영하는 것이며, 합영 회사는 남북이 공동으로 투자하고 공동으로 운영하는 사업 방식을 말한다.

주요 경과

남북 교역의 개시와 여건 조성기(1989~1992)

남북 간 물자 교역은 1988년 정부가 7·7 선언을 통해 남북 간 교류를 위한 문호 개방 의지를 대내외적으로 천명하고, 같은 해 10월 7·7 선언의 경제 분야 후속 조치로 〈대북 경제 개방 조치〉를 취하면서 시작되었다. 이 조치를 계기로 남북 교역과 경제인 교류가 공식 허용됨에 따라 남한의 민간 기업들이 제3국을 통하지 않고 북한과의 교역을 시도하기 시작했다. 이 시기의 남북 교역은 주로 일반 교역과 위탁 가공 교역을 중심으로 추진되었다.

남북 교역 성장기(1993~1997)

북핵 문제가 대두되던 시기로 의류, 가방 등 임가공 사업이 자리를 잡아 가면서 규모가 확대되어 간 시기였다. 남북 교역 규모가 1993년 1억 8,659만 달러에서 1997년 3억 834만 달러로 늘어났고, 교역 품목도 1993년 69개 품목에서 1997년 143개 품목으로 증가했으며, 남북 교역 당사자 간에 직접 교역이 이루어지기 시작한 시기였다. 1993년

5월 3일 인천-남포 간 해상 항로가 개설되고, 1995년에는 부산-라진 간 정기 항로가 개설됨에 따라 동·서해 항로를 통한 해상 운송 여건이 조성되었다.

남북 교역 도약기(1998~2007)

남북 간 교류와 협력이 가장 활발하게 진행된 시기로, 남한의 대북 포용 정책에 힘입어 남북 교역이 양적·질적으로 대폭 증가했던 도약기라고 할 수 있다. 이 시기 초기에 단순 교역 사업 중심에서 경제 협력 사업으로 범위가 확대되었다. 1998년 금강산 관광이 시작되었고, 2003년에는 개성 공단 사업이 시작되었다. 2007년에는 교역 건수 5만 1,758건, 거래 품목 853개, 17억 9,800만 달러의 교역 실적을 보이는 등 남북 교역이 비약적으로 발전한 시기였다.

남북 교역 조정기(2008~2019)

북한의 지속적인 핵 실험으로 인해 국제 사회의 대북 제재가 강화된 시기로, 남북 교역 조정기라고 할 수 있다. 2008년 7월 우리 측 관광객이 피격·사망함에 따라 금강산 관광이 중단되었고, 2010년 5월 우리 정부의 5·24 조치가 발표되면서 개성 공단을 제외한 남북 간 교역과 경협이 전면 중단되었다. 2016년 2월에는 개성 공단 사업이 중단되었고, 이후 인도 지원 및 사회 분야 관련 협력 사업이 제한적으로 진행되고 있다.

남북 교역 현황

교역 규모

남북 교역은 1989년 1,872만 달러로 출발해, 1991년에는 1억 달러를 돌파했고, 2005년에는 10억 달러, 2015년에는 27억 달러라는 최대 교역액을 기록했다. 현재는 5·24 조치 및 유엔 대북 제재 등으로 교역이 중단된 상황에서 제한적으로 인도적 지원이나 사회 문화 교류와 관련된 물품의 반출입이 이루어지고 있다.

거래 유형별 교역 현황

1989년부터 2018년까지 거래 유형별 남북 교역은 상업적 거래가 89퍼센트, 비상업적 거래가 11퍼센트를 차지하면서 상업적 거래 위주로 추진되었다. 상업적 거래는 일반 교역 15.8퍼센트, 위탁 가공 12.6퍼센트, 개성 공단 사업 57.6퍼센트, 금강산 관광 2퍼센트, 기타 경제 협력 사업이 0.9퍼센트였다.

주요 교역 품목

반입 품목

5·24 조치로 교역이 중단된 2010년 이전 주요 반입 품목은 철강·금속 제품, 광산물, 농림수산물, 섬유류 등이었다. 철강·금속 제품 및 광산물은 아연괴, 무연탄 등이 주요 품목으로 교역 초기 반입을 주도했고, 농림수산물은 교역 중단 이전까지 버섯·고사리 및 조개·건조 수산물 등이 일반 교역의 대표 품목으로 주로 반입되었으며, 섬유류는 위탁 가공 교역 확대 및 개성 공단 활성화로 꾸준히 반입 상위 품목을 차지했다. 2011년 이후에는 개성 공단 관련 물품 반출입이 전체 교역량을 대변하는 구조 속에서 개성 공단 주요 생산 제품인 섬유류와 전자·전기 제품이 주요 반입 품목을 차지했다.

반출 품목

2010년 이전 주요 반출 품목은 섬유류, 화학 공업 제품 등이었다. 섬유류는 의류 위탁 가공과 관련한 원·부자재가 대부분이며, 화학 공업 제품은 금강산 관광 사업 및 개성 공단 건설 관련 요업 제품과 대북 지원 비료 및 의약품 등이 주로 반출되었다. 2011년 이후에는 반출 역시 반입과 마찬

가지로 개성 공단 관련 물품이 전체 교역량의 대부분을 차지하면서 섬유류 및 전자 제품 생산을 위한 원·부자재 등이 주로 반출되었다.

북한의 남북 교류 협력 관련 주요 조직

북한의 남북 교류 협력 조직은 통일전선부(노동당) 및 대외경제성(내각) 산하에 10개(민경련 산하 총회사 제외) 이내의 조직이 있는 것으로 파악된다. 통일전선부 산하 조직으로는 조선아시아·태평양평화위원회와 민족화해협의회 등이 있고, 대외경제성에는 민족경제협력위원회와 민족경제협력연합회·중앙특구개발지도총국·금강산국제관광특구지도국 등의 조직이 있으며, 그동안 통전부 산하로 알고 있던 조국평화통일위원회가 2016년 국가 기구가 되었다. 이들 조직은 남한과의 교류 협력에서 기능과 역할을 정치, 경제, 사회, 인도 분야로 구분해 대응하고 있으나, 상황에 따라 기능과 역할이 바뀌는 경우도 종종 있다.

북한의 남북 교류 협력 주요 조직

□ 통일전선부(통전부)

◆ 대남 전략 전술 총괄 조정·통제

◆ 노동당의 대남 사업 전문 부서(1978년 설치)

• 조선아시아·태평양평화위원회(아태)

- 아시아태평양 지역 국가들과의 교류 확대 목적으로 1994년 설립

- 대남 당국 및 민간 협상 조직(초기 제주 감귤, 금강산 관광, 개성 공단, 정상 회담 등 관여)

• 민족화해협의회(민화협)

- 정당, 사회단체, 종교 단체 등 인사들로 구성된 단체, 1998년 결성

- 경제 분야를 제외한 남북 교류 협력의 북한 측 창구

□ 조국평화통일위원회(조평통)

◆ 노동당의 통일 및 남북 대화 관련 입장 옹호·대변

◆ 1961년 통전부 외곽 단체로 조직

◆ 2016년 국가 기구로 격상

□ 대외경제성

◆ 대내외 무역, 수출, 수입 업무 관장

◆ 외국 자본 유치, 각 지방의 경제 개발특구 사무 수행

◆ 1948년 대내외무역성 설립

• 민족경제협력위원회(민경협)
- 2004년 대남 경협 업무를 총괄하는 내각의 성(장관)급 기구로 출범
- 남북 장관급 회담, 남북 고위급 회담, 경추위 회담 북한 측 대표로 참석

• 민족경제협력연합회(민경련)
- 1990년대 정무원 대외경제위원회 산하 단체로 출범
- 남한 교역·경협 기업들의 대북 협의 창구(원산지 증명서 발급권 등 보유)
- 산하에 베이징·단둥 대표부, 개선총회사(농수산물 등), 광명성총회사(경공업·의료 기기 등), 삼천리총회사(전기·전자 등), 명지총회사(지하자원 등), 새별총회사(의류·피복 등) 등

• 중앙특구개발지도총국
- 개성 공업지구 사업에 대한 총체적 지도 업무

• 금강산국제관광특구지도국
- 금강산 관광 사업을 총괄하던 명승지종합개발지도국이 2011년 〈금강산국제관광특구법〉이 제정되면서 금강산국제관광특구지도국으로 대체

남북 교역·경협의 장점 및 한계

남북 교역·경협의 장점

남북 간 경제 교류인 교역과 경협은 세 가지 측면에서 큰 장점이 있다. 첫째, 남북 교역은 관세가 면제된다는 점이다. 「남북 교류 협력에 관한 법률」 제12조에 〈남한과 북한 간의 거래는 국가 간의 거래가 아닌 민족 내부의 거래로 본다〉고 규정되어 있기 때문이다.

둘째, 북한 근로자들은 동일 언어 사용, 저임금, 높은 기술 습득 능력 등으로 인해 사업 환경이 우수하다는 점이다. 일반적으로 제3국 진출의 경우 언어 장벽, 문화 차이 등으로 인해 현지 근로자들에 대한 교육 훈련에 어려움이 있으며, 높은 물류비로 인해 채산성이 떨어지는 문제가 발생한다.

셋째, 농수산물, 광산물 등의 1차 상품을 상대적으로 저가에 구매할 수 있다는 이점이 있다. 아직까지 북한산 농수산물이나 광산물의 경우 제3국에 비해 가격이 저렴하고 제품의 질이 양호해 국내 시장에서 경쟁력이 있다.

남북 교역·경협의 한계

남북 교역은 남북 간 화해와 협력의 초석을 다지는 일이고 경제난에 봉착한 북한 경제에 활력을 주는 순기능이 있다. 반면 분단 구조에서 발생하는 리스크와 한계 또한 상존한다.

첫째, 북한 리스크로 인한 사업의 불안정성이 존재해 북한 핵 문제 등으로 사업이 제한될 수 있다. 현재 남북 교역은 5·24 조치와 국제 사회의 대북 제재로 인해 중단된 상태이며, 향후에도 남북 관계 변화가 사업의 지속과 성공에 일정 부분 영향을 미치게 될 것으로 예상된다.

둘째, 북한은 아직 사회주의 정치 경제 시스템을 유지하고 있어 자본주의 시장 경제에 대한 이해가 부족한 실정이다. 이로 인해 직원의 인사 관리·노무 관리·생산 관리 등을 북한이 독단적으로 처리하려는 경향이 있으며, 계약 이행·클레임 처리·지적 재산권 등 국제적인 상거래 규범 준수와 관련해서도 인식이 전반적으로 부족하다는 평가가 있다.

셋째, 북한은 아직 저개발 국가로 전력·철도·도로·항만 등 산업 인프라가 크게 낙후됐다. 불완전한 전력 보급으로 생산 일정이 길어지고, 열악한 교통 인프라로 인해 물류비가 과다하게 발생하며, 납기 지연 등의 문제가 생기고 있다.

넷째, 남북 간 3통(통행·통신·통관) 문제가 해결되지 않아 생산 관리, 제품의 검사·검수 등 사업 관리에 어려움이 있으므로, 향후 남북 교역 재개 시에는 3통 문제가 우선 해결될 필요가 있다.

2
남북 교역 실무 절차

일반 교역

개요

일반 교역은 남북한이 각기 생산, 가공한 상품을 매매 계약 등을 통해 경제적 대가를 받고 북한에서 상품을 반입하거나 북한으로 상품을 반출하는 거래 행위를 말한다.

일반 교역은 1989년 전기 동 거래를 시작으로 2007년까지 꾸준한 증가세를 유지하다가 2008년 이후 조정기를 거치면서 감소하기 시작했고, 2010년 5·24 조치 이후 2~3년간 유예 조치로 의류 및 수산물 등의 반입이 있었으나, 이후에는 일반 교역이 중단된 상황이다.

일반 교역 업체는 1989년 32개 사로 시작되어 2005년 684개 사까지 증가했다가, 2010년 이후로는 5·24 조치의 영향으로 급격히 감소했다.

교역 초기에는 철강·금속 제품 및 광산물 등이 주로 반입되었으나 1998년 이후에는 농수산물 품목이 일반 교역의 대부분을 차지했다. 1989년부터 2010년까지 주요 교역 품목은 농수산물(41.8%), 철강·금속 제품(26.2%), 광산물(21.1%), 섬유류(2.9%), 잡제품(2.4%), 기타 품목(5.6%)으로 구성되어 있다.

세부 추진 절차

1) 사업 구상 및 검토

남북 교역은 자유로운 통행·통신·통관의 어려움, 사회주의 국가와의 교역이라는 경제 시스템에서 비롯되는 문제, 산업 인프라가 크게 낙후된 저개발 국가와의 교역이라는 특수한 사업 여건 등에 대한 이해를 바탕으로 실현 가능한 사업을 구상해야 한다.

통일부, 남북교류협력지원협회(약칭 남북협회) 등 남북 경협 지원 기관, 전문가의 자문 및 상담, 기존 진출 업체의 경험 등을 통해 사업의 타당성 등을 검토하고, 특히 거래 품목이 전략 물자나 한도 물량 대상 품목에 해당되는지 여부를 사전에 확인할 필요가 있다.

전략 물자의 개념 및 판정

- 전략 물자는 국제 수출 통제 체제의 원칙에 따라 국제 평화 및 안전 유지와 국가 안보를 위해 수출 허가 등 제한이 필요한 이중 용도 품목 및 군용 물자 품목을 의미

- 대량 살상 무기와 그 운반 수단인 미사일 및 재래식 무기, 그리고 이들의 제조·개발·사용 등의 용도로 사용될 수 있는 물품, 기술, 소프트웨어 등이 포함.

  * 〈대외무역법〉에 따라 산업통상자원부 장관이 지정·고시한 「전략 물자 수출입 고시」 별표 2~3에 규정된 물품, 기술, 소프트웨어를 뜻함.

- 전략 물자 판정은 사업자가 자가 판정 또는 전문 판정 중 선택해 진행

- 자가 판정은 사업자(반출자) 스스로 전략 물자 해당 여부를 이전 경험 등을 통해 확인

  * 이 경우 판정 결과에 대한 책임은 사업자(반출자)에게 있음.

- 전문 판정은 전략물자관리원(www.yestrade.go.kr)에서 전략 물자 해당 여부를 반출 전 사전 확인

한도 물량 대상 품목

- 〈북한산 농림수산물 반입한도물량제도〉는 국내 농림 수산물 수급 조절, 생산자 보호, 위장 반입 방지 등을 위해 북한산 농림수산물 일부 품목에 대해 정부가 연간 반입할 수 있는 물량을 정해 반입을 승인하는 제도

- 통일부 공고에 따라 한도 물량 대상 품목은 총수량, 업체당 반입 수량, 배정 시기 등을 제한
  * 「반출·반입 승인 대상 품목 및 승인 절차에 관한 고시」 제7조에 근거

- 한도 물량 대상 품목 중 희망 반입 업체들이 많은 품목은 반입 실적(반입액, 교역 기간 등)을 기준으로 일괄 배정
  * 2010년 기준 일괄 배정 품목으로 건명태(북어류), 호박, 표고버섯, 호두(피·탈각), 들깨가 해당됨.

2) 사업 계획 수립

제3국과 무역할 때와 마찬가지로 사업 환경 및 여건, 자금력, 유통 계획, 운송 방법, 대금 결제 등을 사전에 점검할 필요가 있으며, 초기의 대규모 투자·거래보다는 점진적으로 사업 규모를 확대해 나가는 단계적 전략이 바람직하다.

또한 일반 교역 과정에서 발생하는 납기 지연, 불편한 교

통에서 비롯되는 물품 파손 및 신선도 유지 문제, 클레임 등에 대한 처리 방안을 사전에 충분히 고려할 필요가 있다.

3) 북한 주민 접촉 신고

남한 주민이 북한 주민과 접촉하고자 할 때는 「남북 교류 협력에 관한 법률 시행령」 제16조 제1항에 근거해 접촉 7일 전까지 〈북한 주민 접촉 신청서〉를 통일부 장관(남북 교류협력 시스템)에게 신고해야 한다. 여기서 접촉이란 남한의 주민이 북한의 주민과 회합·통신, 그 밖의 방법으로 정보나 메시지를 주고받는 행위를 의미한다.

북한 주민 접촉 신고는 서류 접수 이후 7일(근무일 기준) 이내에 수리되며, 접촉의 유효 기간은 최장 3년의 범위 안에서 사안에 따라 신축성 있게 결정된다. 유효 기간 중에는 수리받은 접촉 목적의 범위 안에서 횟수의 제한 없이 접촉이 가능하다. 다만, 유효 기간 내의 접촉이라고 할지라도 당초 신고한 접촉 목적의 범위를 벗어난 경우에는 별도의 신고를 해야 한다.

북한 주민 접촉 신고 절차

북한 주민 접촉 신고 시 구비 서류

① 북한 주민 접촉 신고서, ② 인적 사항, ③ 회사 소개서, ④ 대북 사업 계획서, ⑤ 북한 회사 소개서, ⑥ 북한 주민 접촉 계획서, ⑦ 사업자 등록증 사본 등

4) 북한 방문 승인 신청

남한 주민이 북한 지역을 방문하고자 할 경우 통일부 장관의 방문 승인을 받아야 하며, 통일부 장관이 발급한 북한 방문 증명서를 소지해야 한다. 이를 위해 방문 7일 전까지 「남북 교류 협력에 관한 법률 시행령」 제12조 제1항에 따라 〈북한 방문 승인 신청서〉를 통일부 장관(남북교류협력 시스템)에게 제출해야 한다. 다만, 외국 정부로부터 영주권 또는 이에 준하는 장기 체류 허가를 받은 재외 국민이 해외에서 북한 방문 시에는 통일부 장관이나 재외 공관장에

게 신고해야 한다.

통일부 장관은 방문 승인 시 1년 이내의 범위에서 방문 기간을 부여할 수 있고, 방문 증명서를 발급한다. 또한 북한 방문을 승인받은 사람은 북한 방문 시 필요한 정보를 제공하는 안내 교육을 통일교육원 또는 사이버상(통일교육원 홈페이지)으로 받아야 한다.

북한 방문 승인 절차

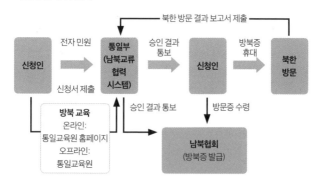

북한 방문 결과 보고서 제출

신청인 — 전자 민원 / 신청서 제출 → 통일부(남북교류협력시스템) — 승인 결과 통보 → 신청인 — 방북증 휴대 → 북한 방문

방북 교육
온라인: 통일교육원 홈페이지
오프라인: 통일교육원

승인 결과 통보 / 방문증 수령 → 남북협회(방북증 발급)

북한 방문 승인 신청 시 구비 서류

① 북한 방문 승인 신청서, ② 인적 사항, ③ 방북 계획서, ④ 초청장, ⑤ 방문 증명서용 사진(3.5×4.5cm) 등 첨부
※ 북한의 초청장에는 가능한 〈신변 안전과 무사 귀환을 보장한다〉는 내용이 기재될 수 있도록 요청

북한 초청장 발급

- 신청 방법: 북측 사업 상대방이나 민족경제협력연합회 베이징 및 단둥 대표부 등을 통해 요청(전화, 팩스 등)
- 신청 내용: 방문 목적, 방문자 인적 사항(소속, 직위, 성명, 생년월일), 면담 희망 일자
- 처리 기간: 대략 10일, 신규 발급은 단수 초청장(1회 방북) 발급

5) 거래를 위한 접촉 및 협의

사업을 위한 남북 접촉은 남한 사업자가 남북공동연락사무소(개성), 북한 민족경제협력연합회(이하 민경련) 산하 베이징 또는 단둥 대표부 등에 거래 의사를 전달함으로써 시작된다. 전화나 팩스 등을 통해 베이징 또는 단둥 대표부로 연락해, 북한 관계자에게 면담을 신청하고, 면담 성사 시 사업 제안서 등을 준비해 협의에 임해야 한다. 북한은 거래가 성사될 경우 북한에서의 회사 등록을 위해 사업 제안서 외에 사업자 등록증, 법인 등기부 등본 등을 요구한다.

사업 협의 시 유의점

• 실현 가능한 사업 제안 및 협상 조건을 제시

  * 의사 결정에 시간이 걸리는 사안은 충분한 검토 후 답변

• 저자세 또는 감상주의를 지양하고 비즈니스적 관점에서 협의 진행

  * 사업 추진에 도움이 되지 않는 불필요한 사항은 언급 자제

• 사업 추진 시 예상되는 어려움에 대해서는 쌍방 협의를 통해 절충

• 주요 협의 사항은 생산 제품의 규격, 수량, 납기, 운송 경로, 인도 조건, 품질 검사 방법 및 장소, 대금 지급 방법 등

  * 단가는 국내외 생산 사례 및 기 추진 기업 등을 고려해 계량적으로 접근하고, 대금 지급은 가능한 제품 도착 후 일정 기간 이내로 협의 필요

• 협의 내용은 구체적으로 확인해 추후 다툼 발생 방지, 해석이 모호한 사항에 대해서는 자세하게 질문해 확실하게 정리

  * 사업 현장 방문을 통한 기술 수준 및 설비 확인이 필요하며, 어려울 경우 북한이 제작한 제품 등을 사전 입수해 기술 및 품질 수준 파악

6) 계약 체결

계약은 서두르지 말고 충분한 협의를 통해 상호 이해가 이루어진 후 체결하는 것이 무엇보다 중요하며, 계약 체결 전에 계약서 초안을 작성해 전문가에게 자문을 구하는 것이 바람직하다. 계약 체결은 간접 교역의 경우 중개인을 통해 이루어지며, 직접 교역은 남북공동연락사무소나 중국 단둥 등에서 민경련 관계자들과 체결한다.

북한은 남북 교역 창구를 민경련으로 일원화해 놓았는데, 민경련 산하 총회사로는 삼천리(전기·전자 등), 광명성(경공업·의료 기기 등), 개선(농수산물 등), 새별(의류·피복 등), 명지(지하자원 등) 등이 있고, 남한 사업자는 이들 총회사와 계약을 체결하게 된다.

계약 시 유의점

- 서두르지 말고 상호 이해가 이루어진 후 계약 체결

- 사업 협의 시 작성된 회의록을 바탕으로 합의 사항을 가급적 계약서에 포함

  * 계약서 작성 시 경협 지원 유관 기관 및 해당 분야 전문가의 자문을 구할 필요가 있음.

- 국제 관행에 부합하고 대외 무역에서 일반적으로 인정되는 사항은 계약서에 반영될 수 있도록 노력

- 일방의 자의적 해석이나 오해가 없도록 구체적으로 작성하고, 남한 또는 북한에서만 통용되는 용어는 가급적 피하는 것이 바람직함.

- 권한 있는 당사자(남한은 대표자, 북한은 관련 총회사 총사장 등)의 서명으로 책임 소재를 명확히 할 필요가 있음.

※ 계약서: ① 품명·규격·수량·단가·금액, ② 납기 및 인도 조건(CIF, FOB 등), ③ 계약 기간, ④ 계약 당사자의 의무, ⑤ 포장 방법, ⑥ 검사 방법, ⑦ 대금 결제 방법(T/T 결제 시 계좌 번호, 수취인 등), ⑧ 분쟁 시 해결 방법 등 명시

7) 승인 대상 여부 확인

승인 대상 여부는 「반출·반입 승인 대상 품목 및 승인 절차에 관한 고시」 제4조(승인이 필요한 반출·반입) 및 제5조(포괄적으로 승인한 반출·반입)를 통해 확인 가능하며, 승인 대상일 경우 통일부 장관의 반출·반입 승인이 반드시 필요하다. 승인 대상이 아닐 경우는 일반 무역 절차와 동일

하게 처리하면 된다.

　포괄적으로 승인한 반출·반입이란 통일부 장관이 반출·반입을 포괄적으로 승인한 것으로 「대외 무역 관리 규정」 제19조에 따라 세관장이 타당하다고 인정하는 범위 내의 여행자 휴대품·별송품 및 북한에서 근무하는 남한 주민이나 외국인의 일상생활에 필요한 물품 등, 남북 당국 합의 및 그 위임에 의한 남북 회담·행사·사무소 운영 등을 지원·진행하기 위해 필요한 물품 등, 남북 교류 협력의 원활한 추진을 위해 통일부 장관이 〈남북교류협력추진협의회〉의 의결을 거쳐 별도 공고하는 품목, 거래 형태, 대금 결제 등은 통일부 장관의 승인이 필요 없다.

8) 물품 반출·반입 승인

남북 사이에 물품을 반출하거나 반입하려는 자는 7일 전까지 「남북 교류 협력에 관한 법률 시행령」 제25조 제1항에 따라 〈반출·반입 승인 신청서〉를 통일부 장관(남북교류협력 시스템)에게 제출해야 한다.

　반입된 물품의 대금이 제3자에게 지급되거나 현금으로 지급될 경우 「반출·반입 승인 대상 품목 및 승인 절차에 관한 고시」 제4조에 따라 품목의 승인 여부와는 별도로 통일부 장관의 승인을 받아야 한다.

　물품 반출·반입 승인 신청서는 서류 접수 이후 근무일 기준 7일 이내에 처리되며, 조건을 부가하거나 승인 유효 기간을 정해 승인할 수 있으며, 물품 반출·반입 승인 후 물품의 총금액(10% 이내 변경은 제외), 단가 및 수량, 대금 결제 방법, 승인 유효 기간, 승인 조건 등을 변경하고자 할 때는 변경 승인을 받아야 한다.

물품 반출·반입 승인 처리 절차

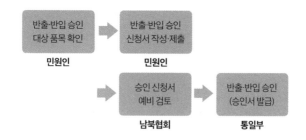

반출·반입 승인 신청 시 구비 서류

① 반출·반입 계획서, ② 계약서 또는 물품 매도 확약서, ③ 무역업 고유번호 부여증 사본, ④ 전략 물자 판정서 사본, ⑤ 북한 주민 접촉 신고 수리서 사본, ⑥ 사업자 등록증 사본 등 첨부

9) 화물 수송

남북 간 교역 물품 수송은 해상, 육로 등을 통해 운송되며, 해상은 보통 인천-남포, 부산-라진 항로를 이용한다. 육로는 보통 경의선(파주-개성), 동해선(고성-금강산)을 이용한다. 긴급을 요하는 물품은 항공편(평양→선양〔베이징〕→인천)으로 운송되기도 한다.

교역 사업자가 직접 자동차나 선박을 활용해 물품을 수송할 경우에는 「남북 교류 협력에 관한 법률 시행령」 제33조 제1항에 따라 물품 수송 7일 이전까지 〈수송 장비 운행 승인 신청서〉를 통일부 장관(남북교류협력 시스템)에게 제출해야 한다.

수송 장비 운행 승인 절차

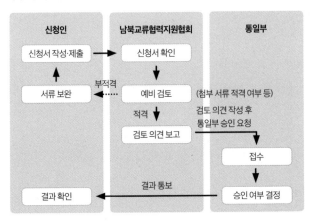

> ### 수송 장비 운행 승인 신청 시 구비 서류
>
> ① 운행 계획서, ② 수송 장비 운행 관련 면허증, 허가증 또는 등록증 등의 사본, ③ 승무원 명부, ④ 북한의 운행 허가서 또는 북한과의 운행 합의서 등 운행이 가능함을 증빙하는 확인서, ⑤ 「자동차 손해 배상 보장법」 제9조에 따른 의무 보험 가입 증명서(보험 회사 발급) 등 첨부

10) 통관

북한산 물품의 통관 절차는 수출입과 동일하나 북한산 물품은 관세 면제 대상인 만큼 통관 시 원산지 증명서가 필요하다. 원산지 증명서의 경우 북한은 민경련에서, 남한은 대한상공회의소 또는 세관에서 발급한다.

북한산 농림수산물 반입 시 검역은 해당 품목에 따라 식품의약품안전처, 국립농산물품질관리원, 국립수산물품질관리원에 신고하고, 신고가 수리되면 세관에서 통관 검사(전산 심사, 서류 심사, 현품 검사 중 택일)를 실시한다.

11) 대금 결제

남북 간 교역 대금 지급은 가능한 한 반입 물품 확인 후 지급하는 것이 바람직하며, 대금 결제 방법은 통상 계약 시 북한이 지정한 제3국 계좌로 송금하나 일부 수산물 교역의 경우 물품을 싣고 온 선상에서 현금으로 주기도 한다.

대금 결제 시 계약의 당사자가 아닌 제3자에게 지급하거나 현금으로 전달하는 경우에는 「외국환 거래법」 제16조 (지급 또는 수령의 신고 방법)에 따라 한국은행에 신고해야 하며, 통일부 장관의 승인을 받아야 한다.

12) 교역 보고

교역 보고는 통관이 완료되고 대금 결제가 이루어진 후, 승인자가 정한 기간 내에 〈남북교류협력 시스템〉을 통해 진행한다. 교역 보고는 교역 보고서 작성과 함께 소정의 구비 서류(반출 또는 반입 신고필증 사본, 대금 결제 관련 증빙 서류)를 갖춰 〈남북교류협력 시스템〉의 〔물품 반출입〕 -〔물품 반입(또는 물품 반출)〕-〔반입 결과 보고(또는 반출 결과 보고)〕 메뉴를 통해 할 수 있다.

교역 보고 시 구비 서류

① 반출·반입 신고필증 사본, ② 대금 결제 관련 증빙 서류 (지급 등의 방법이 게재된 신고서 사본, 송금 또는 환전 영수증 사본), ③ 북한 영수증 사본 등 첨부

참고 사항

1) 사업의 장점

남북 교역은 남북 간 유무상통이라는 면에서 큰 장점이 있다. 고사리, 조개, 버섯, 명태, 한약재 등 북한산 농림수산물은 국내산이나 제3국산과 비교할 때 가격이 매우 저렴하고, 품질이 양호한 것으로 평가되고 있다. 또한 북한산 물품은 무관세로 가격 경쟁력이 있고, 특히 북한 특산물을 이용한 1차 가공품의 경우 그 품질이 우수하다.

다만, 북한산 농림수산물 중 일부 품목은 크기·선도 등

을 고려하지 않고 제공하기 때문에 상품성이 떨어지는 물품도 있을 수 있으니 교역 시 유의할 필요가 있다.

2) 한계 및 애로 사항

남북 교역은 출입과 통신 등이 제한되고, 대남 교역 창구가 민경련으로 일원화되어 있어 정상적인 무역 거래에서 볼 수 없는 한계 및 애로 사항이 발생하고 있다.

첫째, 제품에 대한 현장 검사·검수가 어렵다는 점이다. 현실적으로 방북이 자유롭지 않은 상황에서 제품의 현장 검사·검수에는 근본적인 한계가 있고, 중개인을 통해 북한 현지에서 품질 검사를 실시할 수도 있으나 추가 비용이 소요되어 사업의 수익성이 하락한다.

둘째, 클레임 발생 시 우리 업체들이 손실을 부담하는 경우가 많다. 교역 과정에서 품질 불량 등의 문제 발생 시 우리 업체가 클레임을 제기해도 해결되는 사례가 많지 않아, 사실상 우리 업체가 손실을 감수하는 경우가 대부분이다. 간혹, 향후 거래 시 물량을 더 주거나 가격을 깎아 주는 방식으로 클레임을 해결한 사례도 있다.

셋째, 북한의 열악한 물류 인프라(교통·창고 등) 등에 따른 사업상 제약이 있을 수 있다. 북한의 생산 공장이 남포항 등 주요 항구로부터 멀리 떨어진 경우 물품의 운송 기간이 과도하게 소요되며, 특히 냉동 창고 등의 보관 시설이 미비해 유통 기간이 짧은 제품의 경우 취급에 어려움이 있다.

넷째, 우리 업체 간 과당 경쟁에 따른 대북 사업의 거래 비용 상승이다. 일부 업체가 사업성이 있는 북한 상품을 두고 무분별하게 경쟁해 남북 교역 질서를 교란시키고, 결과적으로 반입 단가를 상승시키는 등의 부정적 요인으로 작용하고 있다.

3) 사업 추진 시 유의 사항

남북 교역은 남북 간 물품 등을 매매 등의 계약 조건에 따라 반입·반출하는 것으로 북한의 특수 상황을 감안해 사업 계획 단계부터 꼼꼼히 확인하고 사업을 추진해야 한다.

첫째, 사업의 경제적 타당성을 철저히 검토해야 한다. 남북 교역은 남북이 비교 우위의 상품 거래를 통해 서로 이익을 공유하는 비즈니스이므로 사업 추진에 앞서 수익성을 따져 보고, 국내 유통 및 시장 상황, 북한 내 생산 및 물류 여건 등을 꼼꼼하게 확인할 필요가 있다.

둘째, 사업 계획 수립 시 기존 교역 업체 관계자나 경험자의 조언을 받을 필요가 있다. 사업 구상 단계에서 기존 교역 사업자 등으로부터 남북 교역의 장단점, 북한과의 사업 추진 및 협상 시 주의할 점 등을 듣고 사업 계획을 수립하는 것이 좋다.

셋째, 계약서는 정확한 정보에 근거해 구체적이고 상세하게 작성해야 한다. 계약은 사업을 완전하게 파악하고 모든 상황에 대비한 후 체결해야 하며, 선심성 발언이나 구두 계약은 지양해야 한다.

넷째, 선불금 지급은 지양하고 품질 관리는 엄격하게 실시해야 한다. 먼저 북한에 거래 대금을 지급할 경우 사업 추진 시 주도권을 빼앗길 우려가 있고, 품질 문제로 다툼이 없도록 객관적인 검사 기준을 상호 협의하에 마련하며, 그 기준에 따라 품질 검사를 진행한다.

다섯째, 공신력 있는 북한 사업 파트너 선정이 매우 중요하다. 북한 사업 파트너가 생산 공장 등을 확보해 물량을 지속적으로 공급할 수 있는지 확인하는 것이 중요하고, 해당 파트너가 어떤 품목을 얼마만큼 반출이 가능한지 와크[1] 보유 여부도 확인하는 것이 필요하다.

---

1   북한에서 사용하는 무역 용어로, 특정 품목을 수출입 거래할 수 있는 승인권(무역허가증) 개념으로 볼 수 있다.

추진 절차	주요 내용	관련 기관
사업 구상 및 검토	• 남북 경협 환경 이해 및 분야별 여건 확인 • 전략 물자 및 한도 물량 대상 품목 여부 확인 • 전문가 검토 및 자문	• 통일부 • 남북교류협력 지원협회
⇩		
사업 계획 수립	• 사업 환경 및 여건 등 검토	• 남북교류협력 지원협회 등
⇩		
북한 주민 접촉 신고 (필요 시 북한 방문 승인 신청)	• 전화, 팩스, 이메일, 중개인 등을 통한 간접 접촉 모두 포함 • 방문 시 북한 방문 증명서 신청 및 방북 안내 교육 이수	• 통일부 (남북교류협력 시스템) • 통일교육원
⇩		
거래를 위한 접촉 및 협의	• 접촉 수리(방문 승인) 시 부여된 조건에 따라 결과 보고	• 남북공동연락 사무소, 제3국 파견 북 관계 기관 등
⇩		
계약 체결	• 계약서는 사업 협의 내용에 근거해 정확하고 상세하게 작성	• 남북공동 연락사무소, 제3국 파견 북 관계 기관 등
⇩		

승인 대상 여부 확인	• 「반출·반입 승인 대상 품목 및 승인 절차에 관한 고시」 제4조 및 제5조에 해당하는 거래인지 여부 확인	• 통일부 • 남북교류협력 지원협회

⇩

(필요 시) 반출·반입 승인 신청	• 예비 검토 • 승인 및 통보	• 통일부 • 남북교류협력 지원협회

⇩

화물 운송	• 운송 지역, 물품 특성 등에 따라 운송 수단 결정(육로, 해로 등) • 남북 간에 선박·항공기·철도 차량 또는 자동차 등의 수송 장비를 운행하려는 자는 〈수송 장비 운행 승인 신청〉	• 통일부 (남북교류협력 시스템)

⇩

통관	• 반출·반입 신고 시 서류 구비	• 관세청(전자통관 시스템)

⇩

대금 결제	• 제3자 전달, 현금 지급 등의 경우 사전에 통일부 승인 및 한국은행에 지급 등의 방법 신고 필요	• 통일부 (남북교류협력 시스템) • 한국은행

⇩

교역 보고	• 반출·반입 승인 시 부여된 조건에 따라 결과 보고	• 통일부 (남북교류협력 시스템)

[표 7] 남북 교역 세부 추진 절차 흐름도

위탁 가공 교역

개요

남북 간 위탁 가공은 남한 사업자가 북한에 가공임 지급 조건으로 설비 및 원·부자재를 제공해 가공한 후 완성된 물품을 남한으로 반입(또는 제3국 수출)하는 형태의 교역을 말한다.

위탁 가공 교역은 1992년 6월 코오롱상사가 학생용 가방을 위탁 가공으로 생산한 이래 2010년까지 큰 폭의 증가세를 이어 왔다. 2010년 5·24 조치 이후 1년여 동안의 유예 조치로 완제품 반입이 일부 있었고, 이후에는 위탁 가공 사업이 전면 중단되었다.

대북 위탁 가공 교역 업체는 1992년 4개 사로 시작했으나, 업체 수가 꾸준히 증가해 1999년에는 위탁 가공 교역 이래 가장 많은 249개 사를 기록했다. 그러다가 2003년 개성 공단 조성 계획 발표 등으로 인해 지속적으로 감소하다가, 2010년 5·24 조치의 영향으로 북한과의 사업이 중단된 상황이다.

그동안 북한과의 위탁 가공 교역은 섬유류, 전자·전기류, 농수산물, 생활용품 등의 분야에서 추진되었다. 섬유류는 운동복류, 코트 및 재킷, 남성 바지, 신사복 상의 등의 품목이, 전자·전기 제품은 라디오·카세트류, 전선류, 컬러 TV, CRT TV 등의 품목이, 농산물은 마늘, 담배, 모직물류, 잎담배 등의 품목이 북한에서 임가공되어 국내로 반입되었다.

세부 추진 절차

1) 일반 사항

위탁 가공 교역과 관련된 사업 구상 및 검토, 사업 계획 수립, 북한 주민 접촉 신고, 북한 방문 승인, 접촉 및 협의 등 일반 사항은 일반 교역과 동일하게 추진되며, 북한 관계자와 사업 협의 시 위탁 가공에 필요한 설비, 근로자, 기술력 등 관련 현황 파악에 유의해야 한다는 점이 다르다.

협의 시 주요 내용

- 북한의 기술 수준 향상을 위한 현장 기술 지도 여부
- 문제 발생 시 또는 정기적인 현장 방문·점검 여부
- 원·부자재 공급 수량, 규격, 시기, 허용 손실률 및 재공급 문제 등
- 납기, 단가, 위탁 가공비 송금 방법 등
- 공장 규모, 생산 능력, 설비 등

2) 계약 체결

일반 교역과 동일하게 민경련 산하 총회사와 계약을 한다. 의류·피복 분야는 새별총회사, 전기·전자는 삼천리총회사, 경공업·의료 기기는 광명성총회사, 농수산물은 개선총회사, 지하자원은 명지총회사와 각각 계약을 체결하면 된다.

일반 교역과 다른 점이 있다면 위탁 가공 교역은 기본 계약(기본적인 사업 방향 등 일반 사항)을 체결하고, 원·부자재 투입 시점에서 부록 계약(제품별 세부 사항)을 체결한다는 것이다.

3) 견본 제작 및 확인

의류 위탁 가공은 완제품 생산에 앞서 북한에서 제작된 견본을 받아 보고 문제가 없을 경우 작업을 시작한다. 주로 남한에서 제작된 완성품(샘플) 및 견본 제작에 필요한 원·부자재 등은 개성의 남북공동연락사무소나 단둥의 민경련을 통해 전달되며, 북한에서 제작된 견본도 동일한 방법으로 남한으로 전달된다.

4) 원·부자재 및 설비 제공

원·부자재는 납기일 및 로스율 등을 고려해 충분히 시간을 두고 여유 있게 보내는 것이 좋다. 그리고 북한 사업 파트너가 추가적으로 원·부자재를 요구하는 사례가 종종 있으므로 원·부자재 전달 시 검수를 확실히 하는 것이 좋다.

위탁 가공에 필요한 설비를 반출할 경우 가능한 남한 기술 인력이 방북해 설치·시운전·기술 지도 등을 진행할 수 있도록 북한 측과 사전에 협의해야 한다. 또한 설비 및 원·부자재 반출 시에는 반출 품목에 전략 물자 등 반출 제한 품목이 있는지 반드시 확인해야 한다.

5) 완제품 생산

제품 생산 시 수시로 사업 협의가 어려운 점을 감안해, 가급적 계약 체결 시 가공 방법 및 생산 노하우 등을 확실히 전달해야 한다. 필요 시 현지 위탁 가공 공장을 방문하거나 남북공동연락사무소를 통해 기술 협의를 진행할 수도 있다.

기술 교육 시 유의 사항

- 부품 및 기술에 대한 공통 용어 정리
- 명확한 작업 지시서 작성 및 영상 자료를 통한 기술 교육
- 단순 고장 시 북한에서도 자체 수리가 가능하도록 교육

---

6) 완제품 반입

북한에서 위탁 가공을 추진하는 경우, 전기 부족 등의 문제로 마무리 공정이 미흡한 측면이 있다. 그러므로 북한에서

제작된 의류 제품 중 마무리 공정이 필요한 제품은 국내보다 인건비가 저렴한 중국(단둥 등) 보세 구역 등에서 작업 후 국내로 반입한다.

화물 수송은 계약서에 명시된 대로 진행되는데, 의류 위탁 가공의 경우 주로 인천-단둥 항로와 인천-남포 항로가 이용된다. 위탁 가공 관련 통관 절차는 일반 교역과 같다.

7) 대금 결제 및 교역 보고

위탁 가공 비용의 결제는 가급적 생산 또는 반입 제품 확인 후 지급하는 것이 바람직하며, 결제 방법은 주로 북한에서 지정한 제3국 개설 계좌로 송금한다. 이 경우에도 통일부 승인 및 한국은행 신고가 필요하다.

교역 보고는 일반 교역과 동일한 방법으로 남북교류협력 시스템상에서 교역 보고서를 작성해 관련 서류와 함께 승인자가 정한 기간 내에 업로드하면 된다.

참고 사항

1) 남북 위탁 가공 교역의 장점

남북 위탁 가공 교역은 제3국 사업과 비교할 때 비교 우위를 넘어서는 큰 이점이 있다. 베트남 등 제3국과의 위탁 가

공과 비교할 때 물류비와 운송 기간이 크게 절감된다는 점
이다. 인도네시아, 필리핀, 미얀마, 베트남의 경우 제품 수
송에 1주일 이상 소요되는 데 비해 남북 간 위탁 가공 교역
의 경우 하루면 충분하고 물류비도 훨씬 저렴하다.

이 외에 북한과의 위탁 가공 교역 시 장점은 첫째, 북한 근
로자의 수준이 높다는 점이다. 중국, 베트남 등 동남아 인
력 대비 언어 소통, 기술력, 학력 등의 측면에서 월등하다.

둘째, 제품의 품질이 양호하다. 단순 가공의 경우 별도의
작업 지시 없이 기술 지도서만으로도 생산이 가능할 정도
로 기술 습득력이 뛰어나고 생산성도 높다.

셋째, 남북 위탁 가공 교역은 무관세라는 점이다. 북한과
위탁 가공을 하면 무관세 혜택에다가 위탁 가공비도 저렴
해 원가를 크게 절감할 수 있다.

2) 한계 및 애로 사항

위탁 가공 교역을 추진하기 위해서는 생산 설비 등 관련 인
프라가 잘 갖춰져 있어야 하나, 북한의 위탁 가공 환경은 여
전히 열악해 추진 과정에서 다양한 문제점이 발생하고 있다.

첫째, 북한의 예측하기 어려운 사업 태도에서 비롯되는
문제가 있을 수 있다. 북한 사업자들이 당초 계약과 달리

사업 내용을 임의로 변경하거나 원·부자재를 추가로 더 요구하는 경우가 있다.

둘째, 전력 부족으로 생산이 중단되는 사례가 종종 발생할 수 있다. 북한 내 전력 부족으로 전력 공급이 불안정함에 따라 공장 가동이 중단되어 생산 일정에 차질을 빚는 경우가 종종 있다.

셋째, 생산 시설이나 공장 방문이 극히 제한되어 북한 내 생산 현장의 상황을 관리하고 대처하는 데 근본적인 한계가 있다. 문제 발생 시 북한 방문이 어렵고, 연락 채널마저 북한 민경련으로 제한되어 있어 정확한 상황 파악 및 의사 전달에 한계가 있다.

넷째, 사업 초기 작업 미숙 등으로 불량품이 발생할 수 있다. 북한 현지 공장에 품질 관리를 위한 남한 인력이 상주할 수 없기 때문에 사업 초기에 발생하는 불량은 우리 업체가 감수해야 한다는 생각을 갖고 사업을 진행해야 한다. 불량을 줄이기 위한 방법으로 중국 인력을 채용해서 북한 공장에 파견해 관리할 수 있으나 비용이 많이 소요된다.

다섯째, 북한에서 의류 위탁 가공 시 마무리 공정이 부실해 별도의 품질 검사 및 추가 작업이 필요하다. 이를 위해 상당수의 국내 업체가 중국 단둥 등에서 검사 및 마무리 작업을 실시한 후 국내로 반입하고 있다.

3) 사업 추진 시 유의 사항

저렴한 위탁 가공비, 우수한 인력 등 북한의 유리한 사업 환경만을 생각하고 무작정 사업을 추진할 경우 예상치 못한 일들이 발생할 수 있는 만큼 사업 구상 단계부터 철저히 계획을 세우고 준비해야 한다.

첫째, 위탁 가공 관련 공장 선정, 위탁 가공비 인상 등의 문제는 협상 시 신중을 기해야 한다. 위탁 가공 교역의 성공 여부는 공장의 생산 능력에 달려 있어 북한이 임의로 위탁 가공 공장을 변경하지 못하도록 관련 내용을 계약서에 명기하는 것이 좋다. 또한 위탁 가공비 협의 시 제3국의 사례 등 객관적인 산출 근거를 제시해 북한의 무리한 인상 요구에 적극적으로 대응할 필요가 있다.

둘째, 위탁 가공을 위해 북한에 제공되는 설비 및 원·부자재 등이 전략 물자에 해당되는지 반드시 확인해야 한다. 위탁 가공에 필요한 설비, 기계, 원·부자재 등이 바세나르 협약, 미국 상무부의 수출관리규정(EAR) 등에 따라 반출이 제한 또는 금지되고 있는지 사업 검토 단계에서 철저히 확인해야 한다.

셋째, 북한과의 거래 시 생산 원가(위탁 가공, 원·부자재 비 등) 이외에 기타 비용이 발생할 수도 있으므로 제 비용을 사전에 체크할 필요가 있다. 일반적인 무역에서 매도인이 부담하는 운송비, 품질 검사 등의 비용도 우리 업체가 부담하는 경우가 많아 이러한 점을 사전에 충분히 고려해야 한다.

넷째, 남북 교역에서 대북 협상력은 사업의 성공 여부를 좌우할 정도로 중요하므로 객관적인 자료, 합리적인 논리에 기초해 북한과의 협상을 추진할 필요가 있다. 협상 시 북한이 우리 측의 최종 결정을 재촉하는 경향이 있고, 방북해서 협상을 진행하는 경우 초반에는 소극적으로 대응하다가 막판에 서두르는 경향을 보이기도 하는데, 이럴 때일수록 당황하지 말고 충분한 시간을 갖고 협상을 진행해야 한다.

다섯째, 위탁 가공 교역도 품질, 납기 등의 문제로 클레임이 발생할 수 있는 만큼 클레임 관리에 신경을 써야 한다. 2000년 〈남북 사이의 상사 분쟁 해결 절차에 관한 합의서〉가 체결되었음에도 제도적으로 해결된 경우는 없고, 당사자 간 합의를 통해 해결되어 왔다. 클레임 발생 시 개별 기업이 해결하기 어려운 경우 남북공동연락사무소 등을 통해 지원을 받을 수도 있다.

여섯째, 대북 사업의 환경 변화에 대비해 사업을 다각화

할 필요가 있다. 남북 위탁 가공은 남북 관계 변화와 국제 정세가 사업에 직·간접적으로 영향을 미칠 수 있는 바, 사업을 대북 사업만으로 단일하게 구성하는 것은 지양할 필요가 있다. 남북 교역 중단 등 만일의 사태에서도 위기를 극복할 수 있는 자생 능력을 갖춘 업체가 대북 사업에 진출하는 것이 바람직하다고 볼 수 있다.

추진 절차	주요 내용	관련 기관
사업 구상 및 검토	• 남북 경협 환경 이해 및 분야별 여건 확인 • 전략 물자 및 한도 물량 대상 품목 여부 확인 • 전문가 검토 및 자문	• 통일부 • 남북교류협력 지원협회 등
사업 계획 수립	• 사업 환경 및 여건 등 검토	• 남북교류협력 지원협회 등
북한 주민 접촉 신고 (필요 시 북한 방문 승인 신청)	• 전화, 팩스, 이메일, 중개인 등을 통한 간접 접촉 모두 포함	• 통일부 (남북교류협력 시스템) • 통일교육원 등

	• 방문 시 북한 방문 증명서 신청 및 방북 안내 교육 이수	

⇩

거래를 위한 접촉 및 협의	• 접촉 수리(방문 승인) 시 부여된 조건에 따라 결과 보고	• 남북공동연락사무소, 제3국 파견 북 관계 기관 등

⇩

계약 체결	• 사업 협의 내용에 근거해 작성	• 남북공동연락사무소, 제3국 파견 북 관계 기관 등

⇩

견본 제작 및 확인	• 작업 지시서, 견본, 견본 제작용 원·부자재 전달	• 남북공동연락사무소, 제3국 파견 북 관계 기관 등

⇩

원·부자재 제공	• 「반출·반입 승인 대상 품목 및 승인 절차에 관한 고시」 제4조 및 제5조에 해당하는 거래인지 여부 확인 • 원·부자재 반출·반입 승인 신청 예비 검토 • 원·부자재 반출 신고	• 통일부 (남북교류협력 시스템) • 남북공동연락사무소, 제3국 파견 북 관계 기관 등 • 관세청 (전자통관 시스템)

⇩

3장 남북 교역 실무 절차

완제품 생산	• 필요 시 기술 지도 등 실시	• 남북공동 연락사무소, 제3국 파견 북 관계 기관 등

⇩

완제품 반입 승인	• 「반출·반입 승인 대상 품목 및 승인 절차에 관한 고시」 제4조 및 제5조에 해당하는 거래인지 여부 확인 • 물품 반출·반입 승인 신청 예비 검토 • 승인 및 통보	• 통일부 (남북교류협력 시스템) • 남북공동연락 사무소, 제3국 파견 북 관계 기관 등

⇩

위탁 가공비 지급	• 제3자 전달, 현금 지급 등의 경우 사전에 통일부 승인 및 한국은행에 지급 등의 방법 신고 필요	• 통일부 (남북교류협력 시스템) • 한국은행

⇩

교역 보고	• 반출·반입 승인 시 부여된 조건에 따라 결과 보고	• 통일부 (남북교류협력 시스템)

[표 8] 위탁 가공 교역 세부 추진 절차 흐름도

경제 협력 사업

개요

경제 협력 사업(경협 사업)이란 남북 사업자가 공동으로 투자해 합작·합영 회사를 설립하고 수익을 창출해 분배하는 것을 말한다. 주로 북한이 부지와 근로자를 제공하고 남한이 자금과 설비를 제공하는 형태로 사업을 진행한다.

경제 협력 사업은 1990년대 중반 이후 평양 인근 지역을 중심으로 제조업 관련 사업이 추진되었고, 2000년대에는 남포, 신의주 등 북한 전 지역을 대상으로 농업, 임업, 경공업, 광업은 물론 IT 분야로까지 확대 발전되었다.

2018년 말 기준으로 민간 분야 경제 협력 사업은 총 55건(개성 공단 제외)이며, 지하자원 4건, 관광 5건, 농림축산업 8건, 서비스 9건, IT 10건, 제조업 19건 등이었다. 그러나 2010년 5·24 조치로 현재 모든 사업이 중단된 상황이다.

세부 추진 절차

경제 협력 사업의 추진 절차는 사업 구상 및 정보 수집 단계부터 대북 투자 신고 및 실행 단계까지 5단계로 구분해 생각할 수 있다. 경제 협력 사업은 비교적 많은 자금이 투자되고, 사업 기간도 길어 협의하고 준비해야 할 일이 많다.

| 협력 사업
구상 및
정보 수집 | → | 통일부와
사전 협의 | → | 사업 협의
및 계약
체결 | → | 협력 사업
승인 | → | 대북 투자
신고 및
실행 |

* 북한과 합의(또는 체결)된 계약의 효력은 협력 사업 승인 이후 발효됨.

1) 협력 사업 구상 및 정보 수집

경제 협력 사업은 일반 교역과 달리 대규모 투자가 수반되는 만큼 사전에 사업 타당성 등을 면밀히 검토할 필요가 있으며, 특히 북한은 전기와 도로 사정이 열악하므로 현지의 인프라 상황까지 파악할 필요가 있다. 아울러 투자 분야 선정은 북한의 제도와 기술 등 사업 환경을 종합적으로 고려해야 한다.

경협 사업은 사업 계획 수립 단계부터 남북 경협 지원 기관(통일부, 남북교류협력지원협회 등) 및 전문가들의 컨설팅을 충분히 받을 필요가 있으며, 이때 사업 내용과 추진 방법 등을 구체적으로 적시하고, 투자 규모 및 투자금 확보 방안 등을 제시할 필요가 있다.

2) 통일부와 사전 협의

가능한 한 북한과의 사업 협의 전에 통일부(남북 경협과)와 사업 타당성 등을 협의하는 것이 좋다. 본인이 추진하고자 하는 사업과 관련해 사업 중복성, 투자금 확보 방안, 북한 사업 환경 등을 확인하고 사업 가능성을 판단하는 것이 필요하다.

3) 북한 관계자와의 사업 협의

먼저 북한 사업 파트너와의 협의를 위해서는 남북교류협력 시스템을 통해 북한 주민 접촉 신고를 해야 하며, 통일부에서 접촉 신고 수리 후 제3국(중국) 및 개성(남북공동연락사무소) 등에서 접촉할 수 있다.

사업 관련 협상은 실제 사업을 추진할 남북 간 당사자끼리 진행하며, 합의된 내용은 반드시 문서로 정리하는 것이 필요하다. 계약을 체결하기 전에 먼저 사업 관련 의향서(협의서)를 교환하며, 의향서는 사업 추진에 관한 구체적인 내용보다는 사업 당사자, 사업 방식, 일정, 장소, 사업 추진 의향 등을 담아 상호 서명하는 방식으로 체결한다. 추후 계약을 추진하면서 의향서의 내용을 구체화시켜 나간다.

4) 계약 체결

경제 협력 사업은 계약 체결 전에 북한을 방문해 사업 협의 시 들었던 내용이 사실과 맞는지, 그리고 전력·도로 등 전반적인 사업 환경에 대해서도 확인하는 것이 필요하다.

계약은 사업 추진 당사자 간에 체결하며, 향후 사업 추진 시 법적 구속력을 갖기 때문에 관련 내용을 구체적으로 명확히 기재해야 한다. 또한 계약서 작성 시 의문점이나 애매한 사항은 철저히 확인하며, 충분한 시간을 가지고 계약 내용을 상세히 검토해야 한다.

5) 경제 협력 사업 승인

남한 사업자는 북한과 계약을 체결한 후 「남북 교류 협력에 관한 법률 시행령」 제27조 제1항에 따라 통일부 장관(남북 교류협력 시스템 등)에게 〈협력 사업 승인 신청서〉를 제출해야 한다.

투자 금액 등 사업 내용이 변경되는 경우에도 「남북 교류 협력에 관한 법률 시행령」 제27조 제3항에 따라 통일부 장관(남북교류협력 시스템 등)에게 〈협력 사업 변경 승인 신청서〉를 제출해야 한다.

협력 사업 승인 여부는 신청일로부터 20일 이내에 결정되어 신청인에게 통보되며, 협력 사업(변경) 승인서가 발급된다. 통일부 장관이 협력 사업을 승인하는 경우에는 조건을 부가하거나, 승인의 유효 기간을 정할 수 있다.

경제 협력 사업 승인 절차

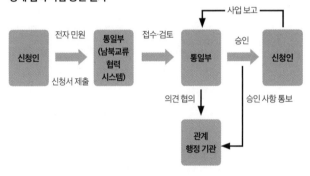

승인 신청 시 구비 서류

① 신청인 인적 사항, ② 협력 사업 계획서, ③ 북한 상대자에 대한 소개서, ④ 북한 상대자와 협력 사업에 대해 협의한 내용을 확인할 수 있는 서류, ⑤ 협력 사업에 대한 북한 당국 또는 북한의 권한 있는 기관의 확인서, ⑥ 법 제17조 제1항 제4호의 요건을 증명하는 서류, ⑦ 협력 사업의 북한 현지에서의 실현 가능성·성공 가능성 등에 대한 자체 조사 결과, ⑧ 북한 당국에 제출할 외국인 기업 창설 신청서 등

※ 참고 사항

- 협력 사업 계획서: 투자 계획(현물 출자 시 현물 출자에 필요한 반출입 물자의 상세 목록 포함), 자금 조달 및 운용 계획, 생산·판매, 조직 및 인력 계획, 환경 관리 계획, 추진 일정 등 포함

- 북한 소개서: 사업 상대방의 연혁·조직·사업 실적 등의 내용 포함, 북한 당사자가 북한 법령에 의해 등록된 법인인 경우 이를 입증하는 등록증 사본을 첨부

- 사업 계약서(협의서): 추진 예정 사업에 대해 북한의 사업 상대자와 최종 협의된 것으로 남북한 모두 사업을 직접 수행할 당사자 명의로 작성되어야 하며, 계약서(협의서)에는 설립하고자 하는 회사, 단체, 기타 기구의 명칭, 소재지, 존속 기간 및 적용 법규, 협력 당사자의 성명과 주소, 총투자액, 출자 비율, 등록 자본금, 출자 방식, 임원 및 이사회 구성, 업종 및 생산 규모, 생산 제품의 판매 처리, 고용 및 임금 등의 내용이 기재

- 북한 당국의 확인서: 내각 대외 담당 기구, 시도행정위원회, 라선 지대 당국 등 해당 협력 사업의 승인 권한이 있는 기관이 발행한 것으로, 협의서 내용에 대한 북한의 이행 보장과 인원의 남북 왕래 보장 및 협력 사업 수행에 필요한 편의 제공 등 포함

－ 해당 분야 사업 실적 증명 서류: 추진 업종과 관련 국내 외 사업 및 수출입 실적(남북 교역 실적 포함)

① 제조업: 해당 협력 사업의 주 생산 품목에 대한 생산·수 출입 실적, 생산에 직접 관련되는 기계·설비의 생산·수출 입 실적, ② 농림수산업, 광업, 건설업, 숙박·음식점업, 운 수·창고·통신업, 금융·보험업 등: 해당 협력 사업과 직접 관련되는 영업 실적(사업 수주 실적 포함), ③ 기타 특수 업 종: 통일부 장관이 별도로 인정하는 사업 실적

－ 산업 입지 조건 등 현지 사업 타당성 조사 결과: 수송, 전 력, 통신, 항만, 용수, 노동력 등의 내용 포함

변경 승인 신청 시 구비 서류

① 변경 승인 신청 사유서, ② 변경 사실을 증명하는 서류, ③ 변경하려는 협력 사업의 추진 계획서 등

6) 대북 투자 신고 및 실행

협력 사업 승인 후 대북 투자 사업자는 〈대북 투자 등에 관한 외국환 거래 지침〉에서 정하는 절차에 따라 지정 거래 외국환 은행장에게 신고 후 실행해야 한다.

> **대북 투자 신고 시 구비 서류**
>
> ① 대북 투자 신고서, ② 협력 사업 승인서, ③ 투자에 관한 최종 합의서, ④ 자금 조달 및 운용 계획을 포함한 사업 계획서 등

현금 투자 시 제3자에게 송금하거나 또는 직접 현금으로 전달할 경우 「외국환 거래법」 제16조(지급 또는 수령의 신고 방법)에 따라 한국은행에 신고 후 송금하거나 전달해야 한다.

현물 투자는 통일부 장관의 반출 승인 후 세관 신고를 거쳐 반출을 하면 되는데, 신고 시 반출 물품은 투자용으로 구분해 신고해야 추후 투자 실적으로 인정받을 수 있다.

기타 사업 실행 과정에서 수반되는 물자 반출·반입, 화물 운송, 통관 등의 절차는 일반 교역과 동일하다.

대북 투자 흐름도

협력 사업 승인	통일부 장관에게 협력 사업 승인 신청
⇩	
대북 투자 신고	협력 사업 내용 중 대북 투자가 실행될 부분에 대해서는 외국환 은행장에게 대북 투자 신고(현금/현물)
⇩	
대북 투자 실행	현금 송금은 외국환 은행장 확인 협력 사업 관련 물품 중 현물 출자용 반출 물자는 통일부 반출 승인 및 세관 수출 신고 후 반출 (세관 신고 시 투자 용도로 구분해 신고)
⇩	
대북 직접 투자 사후 관리	투자 실행 후 외국환 은행장에게 사후 관리 서류 제출 · 증권(채권) 취득 보고서 · 연간 사업 실적 및 결산 보고서 등

참고 사항

1) 사업의 장점

북한과의 경제 협력 사업을 추진할 경우 장점은 첫째, 북한의 고급 인력을 저임금으로 활용할 수 있다는 것이다. 중국 등지에서도 저임금 근로자를 고용할 수 있으나 의사소통이 가능하고 높은 수준의 기술 등을 고려하면 대북 사업이 종합적인 측면에서 유리하다.

둘째, 북한 사업 파트너가 적극적으로 사업 활동을 한다. 경제 협력 사업은 남북 양측이 이윤을 공동으로 분배하기 때문에 북한에서도 수익을 최대한 창출하기 위해 노력한

다. 남북 사업 파트너 간 신뢰가 쌓이고 동기 부여가 이루
어지면 생산성 향상이 가능하다.

셋째, 경제 협력 사업과 관련된 방북은 다른 대북 사업에
비해 용이하다. 합영 방식으로 북한에서 투자 사업이 추진
되는 경우 장기 체류가 가능하며, 장비 설치 및 기술 지도
시에도 장기간 방북이 가능하다.

2) 한계 및 애로 사항

남북 간 경제 협력 사업은 장점도 있지만 남북 관계 상황에
영향을 받는 한편, 시장 경제에 대한 북한의 이해 부족과
제도 미비 등으로 인해 추진 과정에서 여러 가지 어려움을
겪게 된다.

첫째, 북한이 아직도 자본주의 시장 경제에 대한 이해가
부족하다는 것이다. 북한은 사업 초기에 수익금의 남한 사
업자 송금, 회계 감사 절차, 결산 등에 대해서 납득하지 못
하고, 남한의 수익 배당금을 북한에 재투자할 것을 종용한
경우가 있다. 또한 북한은 자본주의식 유통 구조를 이해하
지 못하고 남한에서 판매되는 소매 가격에 근거해 임금, 북
한 배당금 등의 인상을 요구한 적도 있다.

둘째, 북한 현지에서 이루어지는 생산 관리 및 기술 지도

등 사업 협의에 어려움이 있다. 제품 생산과 관련해 크고 작은 문제들이 지속적으로 발생해도 북한 사업자와의 직접 통신, 적시 방북 등이 원활하지 못해 신속한 대응이 어려운 면이 있다.

셋째, 북한 투자 자산에 대한 보호 장치가 미흡하다. 북한은 우리 기업이 투자한 자산을 자기 것이라고 인식하는 경향이 있고, 투자 자산에 대한 우리 기업의 처분권을 인정하지 않으려고 한다. 따라서 북한과의 협의 없이 우리 기업이 제3자에게 투자 지분을 양도하는 경우 이를 인정하지 않을 가능성이 크다.

넷째, 거리에 비해 과도한 물류 비용이 소요된다. 경제 협력과 관련된 물자는 주로 선박을 이용하는데, 북한의 항만 시설이 낙후되어 우리 업체가 별도로 하역 장비(크레인 등)가 설치된 선박을 용선해야 하기 때문에 일반 선박을 사용하는 것보다 운임이 비싸다.

다섯째, 남북 간 정세 변화 등 사업 외적 요소에 민감하게 반응한다. 경제 협력 사업이 북한의 미사일 발사, 핵 실험 등에 기인한 국제 정세 변화와 북한 내부의 정치적 상황 등 외부 요인에 의해 좌우되는 경향이 있다.

3) 사업 추진 시 유의 사항

남북 경협 사업은 여러 가지 변수로 인해 사업이 도중에 중단될 수도 있고, 당초 계획했던 내용과 다르게 진행될 수도 있어 다른 사업에 비해 철저한 검토가 필요하다.

첫째, 경제 협력 사업을 위해서는 충분한 자금력이 요구된다. 대북 사업은 여러 가지 변수로 인해 계획보다 비용이나 시간이 많이 소요되는 만큼, 일정 수준의 자본력이 있어야 사업 추진이 가능하다. 또한, 만약의 상황에 대비해 대북 투자는 국내 사업의 경영에 큰 차질을 빚지 않는 선에서 실시하는 것이 필요하다.

둘째, 경제 협력 사업은 투자가 수반되므로 계약서 작성 시 상세하게 작성하는 것이 좋다. 북한과의 투자 비율, 역할 분담 등을 명확하게 합의해 명기하고, 북한의 합의 사항 미이행, 클레임 발생 등 사업 리스크에 대한 처리 방안도 계약서에 구체적으로 적시할 필요가 있다.

셋째, 북한이 국제적인 상거래 관행을 준수하도록 지속적으로 설득하는 노력이 필요하다. 북한은 사업 추진 과정에서 계약 내용과 다르거나 계약서에 명기되지 않은 사항을 요구하는 경우가 있으므로, 국제적인 상거래 관행을 준수하도록 지속적으로 설득할 필요가 있다.

넷째, 사업 추진 시 북한이 제공하는 물자 중에 전략 물자와 같은 반출 금지 품목이 있는지 반드시 확인해야 한다. 전략 물자로 의심되는 품목은 전략물자관리원에 전문 판정을 요청하고, 북한에서 제작된 소프트웨어는 국내 반입 시 필히 안전성 검증을 받아야 한다.

다섯째, 대북 사업은 장기적인 목표와 비전을 갖고 끈기 있게 추진해야 한다. 북한과의 경제 협력 사업은 추진 과정에서 여러 가지 어려움에 직면할 수 있는 만큼, 확고한 목적 의식과 장기적인 계획에 기초해 인내를 갖고 추진해야 한다.

지원 제도

남북협력기금

현황

남북협력기금은 남북 간 교류 협력 활성화를 위해 마련된 것이며, 이를 위해 1990년 〈남북협력기금법〉이 제정되었고, 기금 운용은 남북교류협력추진협의회를 통해 이루어지며, 한국수출입은행이 기금 지원 관련 실무 업무를 담당하고 있다.

2019년 6월 말 기준 남북협력기금의 전체 조성액은 14조 4,456억 원으로 무상 지원, 유상 지원, 기타로 구분해 지원된다.

무상 지원은 주민 왕래, 문화·학술·체육 협력 지원, 민족 공동체 회복 지원 등의 목적으로, 유상 지원은 반출·반입 자금 대출, 경협 자금 대출, 민족 공동체 회복 지원 자금

대출 등의 목적으로, 기타는 교역·경협 보험, 채무 보증,
금융 기관 지원 등의 목적으로 지원된다.

구분			기금 용도
무상 지원	주민 왕래 지원		남북 주민의 남북 간 왕래에 필요한 비용의 전부 또는 일부 지원
	문화·학술·체육 협력 지원		문화·학술·체육 분야 협력 사업에 소요되는 자금의 전부 또는 일부 지원
	민족 공동체 회복 지원		민족의 신뢰와 민족 공동체 회복에 이바지하는 남북 교류 협력에 필요한 자금의 융자 및 사업 지원
유상 지원	반출·반입 자금 대출	교역 대상 물품 반출 자금	북한으로 교역 대상 물품을 반출하는 남한 주민에 대한 대출
		교역 대상 물품 반입 자금	북한으로부터 물품을 반입하고자 하는 남한 주민에 대한 대출
	경협 자금 대출		북한 주민과 공동 또는 단독으로 경제 협력 사업을 시행하고자 하는 남한 주민에 대한 대출
유상 지원	민족 공동체 회복 지원 자금 대출		민족의 신뢰와 민족 공동체 회복에 이바지하는 남북 교류 협력에 필요한 사업에 대한 대출

	교역·경협 보험	남북 간 교역 및 경제 협력 사업 추진 시 비상 위험으로 발생하는 위험 담보
기타	채무 보증	남북 간 교역 및 경제 협력 사업 소요 자금을 금융 기관에서 대출받은 남한 주민에 대한 채무 보증
	금융 기관 지원	남북 교류 협력 지원 업무 취급 금융 기관에 대한 지원 등

[표 9] 남북협력기금의 지원 형태

남북협력기금 대출 제도

기금의 기업 지원 제도 가운데 대출은 연간 배정 예산(기금 운용 계획) 범위 안에서 운영되며, 여타 시중 은행 대출 금리보다 이자율이 저렴하다. 반입·반출 자금 대출은 중소 기업에 대해 우대하고 북한 소재 자산 담보를 인정한다는 특징이 있다. 세부 내용은 [표 10]과 같다.

구분		주요 내용
교역 물품 반출 자금 대출	대출 금액	계약 금액의 80%(우선 지원 대상은 90%) 범위 내 반출 대금 결제일에 10일 가산(2년 이내)

교역 물품 반출 자금 대출	대출 기한	* 대응 물자로 상환되는 경우는 반입일에 6개 월 가산
	상환 방법	분할 또는 일시 상환
위탁 가공용 원·부자재 반출 자금 대출	대출 금액	계약 금액의 80%(우선 지원 대상은 90%) 범 위 내
	대출 기한	위탁 가공품 반입일에 6개월 가산(1년 이내)
	상환 방법	분할 또는 일시 상환
위탁 가공용 설비 반출 자금 대출	대출 금액	계약 금액의 80%(우선 지원 대상은 90%) 범 위 내
	대출 기한	5년 이내(거치 1년 이내)
	상환 방법	연 2회 이상 정기 균등 분할 상환
반입 자금 대출	대출 금액	계약 금액의 80%(우선 지원 대상은 90%) 범 위 내
	대출 기한	반입 대금 결제일에 6개월 가산(2년 이내)
	상환 방법	분할 또는 일시 상환
실적 한도 대출	대출 금액	교역 실적 인정 비율 범위 내에서 10억 원 이내 * 신용도가 양호하거나 채권 보전이 확실하 다고 인정되는 경우 30억 원 이내 가능
	대출 기한	6개월(담보 대출인 경우 1년 이내)
	상환 방법	만기일 일시 상환
투자 자금 대출	대출 금액	남한 주민 소요 자금의 80%(우선 지원 대상 은 90%) 범위 내

투자 자금 대출	대출 기한	10년 이내(거치 5년 이내)
	상환 방법	연 2회 이상 정기 균등 분할 상환
운전 자금 대출	대출 금액	북한 소재 법인의 1회전 운전 자금
	대출 기한	1년 이내(1년 단위로 3회 연장 가능)
	상환 방법	만기일 일시 상환
산업 용지 분양 자금 대출	대출 금액	소요 자금의 70% 범위 내
	대출 기한	2년 이내(거치 6개월 이내)
	상환 방법	분할 또는 일시 상환
사회 간접 자본 시설 자금 대출	대출 금액	총 사업 비용의 80% 범위 내
	대출 기한	최장 20년(거치 7년 이내)
	상환 방법	연 2회 이상 정기 균등 분할 상환

주: 자세한 사항은 남북협력기금 지원 실무 업무를 담당하는 한국수출입은행에 문의

[표 10] 남북협력기금의 대출 형태

남북협력기금 보험 제도

남북협력기금 보험 제도는 경제 협력 사업 보험과 교역 보험이 있다. 보험 제도는 북한 기업과 교역을 하는 남한 주민이 비상 위험으로 인해 손실을 입은 경우 그 손실의 일부를 보상해 주는 제도로서, 결제 기간이 2년(위탁 가공 설비는 5년) 이내이고 남북한 주민이 계약 당사자로 되어 있어야 한다. 세부 내용은 [표 11]과 같다.

구분		주요 내용
경제 협력 사업 보험	신청 자격	• 정부로부터 경제 협력 사업 승인을 받은 자 • 남북한 주민이 직접 계약 당사자로 되어 있는 거래
	신청 제한	• 남북교류협력법 등 관련 법령 위반으로 제재받은 자 • 기금 지원 자금을 목적 이외의 용도로 유용한 자 • 금융 기관의 신용 불량 정보 대상자 등
	보험 계약 체결 한도	• 기업별 70억 원 *남북교류협력추진협의회 의결을 거쳐 증액 가능
	보험 금액	• 보험가액(투자금액) × 부보율 - 보험가액: 손실 발생의 최고 한도액(보험 계약 대상 전체 금액) - 부보율: 개성 공단 등 경제특구 90%, 기타 지역 70%
	보험금 지급액	• 순손실액 × 부보율(단, 보험 관계 성립 금액 범위 내)

경제
협력
사업
보험
	보험료 납부
	금액
		• 보험 관계 성립 금액 × 보험료율
		- 보험 관계 성립 금액: 보험 금액 중 실제 투
		  자한 것으로 인정된 금액
		* 보험료율은 남북교류협력추진협의회 의
		  결을 거쳐 결정

	보험 기간	• 10년 이내에서 신청자(보험 계약자)가 결정 - 보험 기간 동안 해지 사실이 없는 등 요건 이 충족되면 5년 단위로 연장 가능

교역
보험
	신청 자격	• 남북한 주민이 직접 계약 당사자로 되어
		  있는 거래
		• 남북 간 거래 실적이 있을 것(개성 공업지
		  구 교역 보험은 제외)

	신청 제한	• 남북교류협력법 등 관련 법령 위반으로 제
		  재받은 자
		• 기금 지원 자금을 목적 이외의 용도로 유
		  용한 자
		• 금융 기관의 신용 불량 정보 대상자 등

	보험 계약 체결 한도	• 기업별 10억 원 * 남북교류협력추진협의회 의결을 거쳐 증 액 가능
	보험 금액	• 보험가액 × 부보율(70%) - 선적 후 반출 보험 보험가액: 선적 금액 - 선적 전 반출 보험 보험가액: 반출 계약금액 - 반입 보험 보험가액: 입금 대금 - 위탁 가공 설비 보험 보험가액: 선적 금액
	보험금 지급액	• 순손실액 × 부보율(단, 보험 관계 성립 금 액 범위 내)
	보험료 납부 금액	• 보험 관계 성립 금액 × 보험료율 - 보험료율: 기본 요율 ± 할인율(할증률)
	보험 책임 기간	• 선적 후 반출 보험: 반출일 ~ 결제일

| 교역
보험 | 보험 책임
기간 | • 선적 전 반출 보험: 보험 계약 체결일 ~ 반
출일
• 반입 보험 : 대금 입금일 ~ 물품 반입일
• 위탁 가공 설비 보험 : 반출일부터 5년
이내 |

주: 자세한 사항은 남북협력기금 지원 실무 업무를 담당하는 한국수
출입은행에 문의

[표 11] 남북협력기금의 보험 제도 형태

남북교류협력 종합상담센터 운영

남북교류협력지원협회는 남북 교류 협력을 지원하는 통일
부 산하 공공 기관으로서, 남북교류협력 종합상담센터를
운영하고 있다. 남북 교류 협력 관련 민원 상담, 컨설팅 제
공, 실무 교육, 사업 추진 지원, 정보 제공 등의 서비스를 제
공하고 있으며, 세부 내용은 [표 12]와 같다.

구분	세부 내용
민원 상담	• 상담 방법 - 전화(02-3453-4433/평일 9:00~18:00) - 방문(남북교류협력지원협회 사무실) - 온라인(남북교류협력 시스템-민원 상담) • 주요 내용 ① 교역·경협 추진 절차 안내, ② 남북교류협력 시스템 이용 방법, ③ 북한 방문증 발급 문의, ④ 반출입 물자 승 인 및 수송 장비 운행 승인 예비 검토, ⑤ 기타 남북 교류 협력 일반사항 등

컨설팅 제공	• 상담 방법 남북교류협력지원협회에 방문해 ① 교역·경협 사업, ② 대북 지원 및 개발 협력, ③ 사회 문화 교류 등 분야별 상담 담당자와 일대일 컨설팅 실시 ＊ 필요 시 업체를 직접 방문하는 〈찾아가는 컨설팅 서비 스〉 제공 • 주요 내용 ① 사업 구상 및 계획 수립 지원, ② 사업 계획안 검토, ③ 단계별 교역·경협 추진 절차 및 방법, ④ 사업 추진 시 유의 사항 등, ⑤ 대북 제재 면제 신청 지원, ⑥ 대북 사업 협의·절차 안내 등
실무 교육	• 교역·경협 실무 아카데미 - 대상: 교역·경협에 관심 있는 개인, 관련 업계 및 단 체 등 - 내용: 북한 경제의 이해, 남북 교류 협력 실무 절차, 남북 교역 추진 사례 등 - 구성: 연 2~3회, 총 8강(교육비 무료) ＊ 서울 이외 지역에서 지자체와 공동으로 교역·경협 교육 개최(연 2회) • 북한 개발 협력 아카데미 - 대상: 북한 개발 협력에 관심 있는 개인, 관련 업계 및 단 체 등 - 내용: 농축산, 환경·에너지, 산림, 의료 등 관련 분야 - 구성: 연 2회, 총 6강(교육비 무료)
정보 제공	• 남북 협회 뉴스 레터 - 남북 교류 협력 관련 국내외 주요 이슈 및 동향 등 제공 - 주기: 월 1회(매월 초) - 남북교류협력지원협회 홈페이지(www.sonosa.or.kr)를 통해 구독 신청

사업 추진 지원	• 사업 추진 관련 행정 지원 - 남북한 방문 증명서 및 자동차 운행 승인서 발급·배부 - 물품 반출입 및 수송 장비 운행 승인 예비 검토

[표 12] 남북교류협력 종합상담센터의 형태

유관 기관 안내

남북 교류 협력을 지원하는 주요 기관으로는 통일부 본부
와 남북공동연락사무소, 남북교류협력지원협회, 한국수
출입은행, 전략물자관리원, 개성공업지구지원재단 등이
있다.

구분	지원 내용	연락처

통일부 남북
공동연락
사무소
	• 남북 관계의 모든 사항에 관한 남북한
	  간 연락 및 협의
	• 남북한 간 각종 회담에 관한 교섭, 연
	  락 및 협의
	• 남북한 간 교류 협력을 위한 공동 연
	  구·조사의 지원에 관한 사항
	• 경제, 사회, 문화 예술, 체육, 보건, 교
	  육 및 인도 지원 등 각 분야별 남북한
	  간 교류 협력에 관한 지원
	• 북한 지역에서 개최되는 남북한 간 회
	  담 및 공동 행사 등의 지원
	• 남북한 왕래에 대한 편의 보장 지원 등
		개성
		사무소
		001)8585-
		4004
		
		서울 분소
		02)2100-
		2327

남북 교류협력 지원협회	• 남북 교역·경협 관리 업무 - 물품 반출입 및 수송 장비 운행 승인 예비 검토 - 남북한 방문 증명서 및 자동차 운행 승인서 발급 - 남북교류협력 종합상담센터 운영 - 교역·경협 교육센터 운영 등	남북교류 협력종합 상담센터 02)3453- 4433
	• 남북 경공업 및 지하자원 개발 협력 사업 - 북한 자원 정보 인프라 구축 및 제공 - 남북한 경공업 동향 파악 등	자원 협력팀 02)564- 6570
	• 대북 지원 사업 통합 관리 체계 구축·운영 - 대북 지원 사업 분석·평가 및 역량 강화 지원 - 대북 지원 사업 관련 정보 수집 - 대북 지원 정보 시스템 운영·관리 - UN 대북 제재 면제 관련 지원 업무	인도 개발 협력팀 02)779- 2988
한국 수출입 은행	• 남북협력기금 수탁 은행·지원 자금 집행 - 담당 실무 ① 기금의 관리(기금 계정 관리, 회계 사무 처리, 여유 자금 운용) ② 지원 요청 사업에 대한 상담 및 심사 ③ 지원 자금의 집행 ④ 지원 사업 및 지원 자금에 대한 사후 관리 - 지원 내용 ① 기금 대출(경제 협력 사업 자금 대출, 반출·반입 자금 대출) ② 손실 보조(교역 손실 보조, 경제 협력 사업 손실 보조)	남북 경협실 02)3779- 6624/6644

전략물자 관리원	• 전략 물자 해당 여부 판정 • 전략 물자 수출입 · 컨설팅 · 교육	심사 판정실 02)6000 – 6400
개성 공업지구 지원재단	• 개성 공단 진출 업체 지원 - 인허가 업무, 노무 지원, 하부 구조 시설 관리, 환경 및 소방 관리, 출 · 입경 지원 등	기업 지원부 02)2095 – 5320 ~ 5326

[표 13] 유관 기관의 유형과 지원 내용

4장

추진 사례

1

M기업 사례

M기업

- 주요 사업: 수산물 반입 등
- 사업 시기: 1994년~
- 북측 상대: 민경련(개선총회사)
- 사업 형태: 일반 교역

인도적 지원으로 교류의 물꼬 트고, 북측 제의로 수산물 교역 시작

M기업의 H대표가 북한에 관심을 갖기 시작한 것은 1994년 대북 인도 지원 단체와 함께 북한 식량 보내 주기 운동에 참여하면서부터였다. 이러한 과정에서 북한 측 인도 지원 단체 소속 관계자와 친분이 쌓였고, 그 친분을 기반으로 북한 금강악돌(옥돌)을 시작으로 그림, 농산물 등을 반입해 판매하게 되었다.

2002년 남북 교역 과정에서 홈쇼핑 판매용 북한산 김치를 반입하게 되었는데, 북한 측에서 수산물 사업을 제의하며 김치와 함께 샘플로 조개껍데기를 보내 주었다. M기업은 그때까지 비교적 운송 및 판매가 용이한 물품 위주의 교역을 진행해 왔기 때문에 북한 측의 제안에 선뜻 응하지 못하고 망설였다.

M기업은 사업 타당성을 검토하기 위해 인천 지역 수산물 전문가를 찾아가 조언을 구한 결과, 북한 수산물 중 조개류는 생산량도 많고 품질이 우수해 사업성이 좋다는 사실을 확인하고 북한산 조개를 반입하게 되었다.

시행착오를 겪으며 수산물 반입 확대

당시 북한산 조개의 반입을 위해서는 포장 자재(마대 자루, 스티로폼, 끈 등)와 신선도 유지를 위한 얼음 등 모든 부자재를 정기 항로 선박에 실어서 보내 줘야 할 정도로 북한 내 사업 환경은 열악했다. M기업도 사업 초기에는 정기 항로 선박을 통해 관련 물자를 직접 반출하다가 사업이 진행됨에 따라 M기업이 북한 측에 돈을 주어 중국에서 필요한 물품을 직접 구매해 사용하는 방법으로 사업을 진행했다.

북한 현지 보관 시설도 넉넉하지 못했다. 조개는 살아 있는 생물로 신선도를 유지하기 위한 저수조 및 냉동 창고와 같은 부대시설이 필요했으나, M기업과 거래했던 북한 측 회사는 관련 시설이 없어 남한으로 보내기 전 2~3일 동안 마대 자루에 담아 실온 보관함으로써 조개가 폐사하는 문제가 빈번하게 발생했다.

또한 조개를 운반할 북한 선박도 크게 부족했다. 그래서 당시 조개 반입 업체 상당수가 임대 선박보다 운송료가 상대적으로 저렴한 정기 항로 선박을 통해 조개류를 운송했으며, M기업도 사업 초기에는 인천-남포 간 정기 항로를 통해 반입했다. 그러나 정기 항로 선박의 불규칙한 운행 스케줄 문제로 조개류 반입이 제때에 이루어지지 못해 폐사 등의 문제가 지속적으로 발생했으므로, 운송료가 비싼 중국 선박을 용선해 이용하게 되었다.

북한산 조개의 국내 유통 환경도 지역에 따라 다소 차이가 있다. 인천항으로 반입되는 북한산 조개는 바지락, 백합 등 서해안 갯벌에서 주로 채취되는 것들로 해감이 필요 없어 반입 즉시 항만 보세 구역에서 판매되는 관계로 유통 기간이 매우 짧다. 반면에 속초항·동해항으로 반입되는 가리비, 명주조개, 비단조개 등은 2~3일 동안 해감이 필요해 반입과 동시에 저수조에 저장되며, 길게는 한 달가량 보관이 가능해 유통 기간이 길다.

　M기업도 초기에는 해주산 바지락 등을 인천항으로 수
차례 반입한 적이 있었으나, 매번 짧은 유통 기간 문제로
인해 제때에 판매하지 못하고 헐값에 넘기는 경우가 많았
다. 이러한 일이 반복되자 M기업은 비교적 유통 기간이 긴
동해안 조개를 반입해 판매하는 방법으로 유통망을 확보
해 나갔다.

북한산 조개류 반입 등 교역 사업 추진 시 주의해야 할 사항

H대표는 사전 준비가 부족한 상태에서 사업을 시작해 많
은 시행착오를 겪었다며, 향후 북한과의 교역 사업 추진 시
필요한 준비 사항 세 가지를 조언했다.

　첫째, 대북 사업에 대한 행정 절차를 반드시 사전에 확인
해야 한다. 이 가운데 대금 결제 관련 행정 절차는 바로 법
위반과 연결되는 중요한 사항이다. 보통 조개 반입 대금은
두 가지 방법으로 북한에 전달한다. 하나는 민경련이 지정
한 중국 계좌로 송금하는 방법, 또 하나는 조개를 싣고 온
선박에서 현금을 직접 전달하는 방법이다

　위 두 가지 방법 모두 「외국환 거래법」 및 「남북 교류 협
력에 관한 법률」에 따라 한국은행 신고 및 통일부 장관의

승인이 필요한 사항이다. 그러나 과거에 많은 기업이 이러한 사실을 인지하지 못한 채 거래 대금을 북한 측에 전달했다가 상당수 기업이 수사 기관으로부터 조사를 받은 후 처벌을 받았다.

둘째, 북한과 긴밀한 연락 및 검사 체계를 구축하는 것이 중요하다. 수산물은 선도가 가장 중요하기 때문에 북한 측 관계자와 수시로 연락하면서 운송 스케줄 등을 사전에 체크할 필요가 있고, 선적 전에 품질 검사를 통해 양질의 조개를 확보하는 것이 필요하다. 따라서 북한 측과 계약을 체결할 때 우리 측 관계자의 품질 검사를 위한 방문에 협조한다는 조항을 반영해야 하며, 보다 확실한 방법으로는 북한 방문이 용이한 중국 현지인을 중개인으로 고용하는 것을 권한다.

셋째, 북한산 수산물의 반입 이전에 국내 유통망 확보가 먼저 이루어져야 한다. 아무리 저렴한 가격으로 북한산 수산물을 반입하더라도, 생물인 수산물을 적기에 판매하지 못하면 의미가 없다. 따라서 국내 유통망을 안정적으로 확보하고, 반입된 수산물을 보관하기 위한 저수조 등의 시설을 미리 확보해 둘 필요가 있다.

남북 교역에 성공하기 위해서는 신뢰와 인내가 필요

갑작스런 사업 추진으로 초기에 어려움도 많았지만, 시간이 지남에 따라 조개 판매와 관련된 노하우를 터득하고 수익도 점차 늘어나면서 북한과 사업하기를 잘했다는 생각을 했다.

비록 처음에는 고전했지만 점차 사업에 성공할 수 있었던 것은 좋은 중개인을 고용한 데서 비롯된 외적 요인도 있었지만, 무엇보다 중요한 것은 신뢰·인내와 같은 내적 요인이 크게 작용했던 것 같다.

북한과의 사업은 신뢰가 필요하다. 신뢰는 한순간에 생기는 것이 아니라 좋은 일, 나쁜 일을 겪으며 서로 이해하고 공감하는 과정에서 만들어진다. 이렇게 신뢰가 형성되면 서로를 이해하고 배려하는 마음이 생겨나고, 거래 과정에서 발생되는 어려움을 극복할 수 있게 해준다.

또한 북한과의 사업은 특히 인내가 필요하다. 사업 시작후 몇 년간은 시행착오를 반복하면서 수익이 없어 몇 번이나 사업 포기를 고민했다. 그럴 때마다 북한과의 사업을 운명이라 생각하고 끝까지 참으며 버텨 냈고, 그 결과 시간이 지나면서 사업이 정상화되었다.

남북 공동 양식을 통한 물량 확보와 수산 가공품 생산으로 수출에 나서야

2010년 5·24 조치 이후 조개를 포함한 북한산 수산물의 교역 환경은 크게 달라졌다. 과거에는 대부분의 북한산 수산물이 국내로 반입되었는데, 그 이유는 5·24 조치 이전만 해도 중국 사람들은 살아 있는 어패류를 잘 먹지 않았고, 가격도 비싸서 중국 내 수요가 거의 없었기 때문이다. 그러나 교역 중단 이후 중국 사람들의 소득이 향상됨에 따라 신선한 수산물 섭취를 선호하면서 그 수요가 폭발적으로 증가하고 있다.

또한 교역 중단 이후 중국이 북한과의 조개 양식 사업을 통해 일정량의 수매권 또는 판매권을 확보함에 따라 북한이 임의로 처분할 수 있는 물량이 예전보다 훨씬 적을 것으로 보이며, 무분별한 채취 및 환경 변화 등으로 예전만큼의 생산량을 기대할 수 없을 것으로 예상된다. 즉 공급이 부족해진 상황에서 중국의 수요가 대폭 확대됨에 따라 판매 가격은 올라가고 반입 물량이 줄어 종전과 같은 조건으로 사업이 추진될 가능성은 거의 없을 것이다.

이러한 교역 환경을 극복하기 위해서는 단순히 북한산 수산물을 반입해 국내에서 소비하는 수준을 벗어나, 남북

공동의 양식업을 통해 생산량을 늘리고, 북한 지역에서 생산된 원료로 수산물 관련 가공품을 만들어 해외로 수출하는 방식으로 사업이 추진되어야 승산이 있을 것으로 생각한다.

2
K기업 사례

K기업

- 사업 내용: 모래 반입 사업
- 사업 시기: 2004년~
- 북측 상대: 민경련(개선총회사), 신진무역
- 사업 방식: 일반 상거래(일반 교역), 모래 반입 후 국내 실수
  요자들에 판매

국내 연근해 모래 채취가 금지되면서 북한산 모래에 관심

K기업은 2004년 당시만 해도 모래 교역과는 상관이 없는
모래 채취와 운송 관련 기계 및 설비 등을 제작해 판매하
는 사업을 추진했다. K기업의 K대표는 2004년 국내 연근
해 모래 채취가 금지되면서 거래처 대표로부터 북한산 바
다 모래를 가져올 수 있다면 국내 모래 부족 문제가 해결될

수 있다는 이야기를 듣고 북한산 모래에 관심을 가지게 되었다.

K기업을 포함해 인천 지역 모래 기업이 관심을 보였던 해주 앞바다 모래는 강에서 흘러온 모래가 쌓인 것으로, 입자가 굵고 퇴적량이 많아 국내 건설용 콘크리트 골재로 적합했다. 게다가 남북 간 이동 거리도 짧고, 동해에 비해 파도가 잔잔해 바지선으로 모래 운송이 가능했으므로, 많은 국내 기업이 북한과의 모래 교역을 희망했다.

4명의 중개인을 통해 북한 사업 파트너 교차 검증

K기업은 2004년 당시 북한 서해안 바다 모래와 관련해 북한의 ○○무역을 비롯한 4~5개의 기업이 사업권을 가지고 있어 어느 기업과 사업을 추진해야 할지 고민이 많았다. K기업은 이러한 문제를 해결하기 위해 중국의 중개인을 통해 일정 기간 동안 교차 검증하는 방법으로 북한 사업자를 선정해 계약을 체결했다.

K기업은 국내의 다른 기업과 달리 북한의 대남 경제 협력 창구인 민경련을 통해 사업 파트너를 소개받지 않고 처음부터 실제 사업 파트너와 만나 사업 협의를 추진했고, 계약도 2회에 걸쳐 체결했다. 처음에는 실제 사업 파트너와,

두 번째는 민경련과 계약을 체결하는 방법으로 진행했다. 이러한 방식으로 사업을 추진함으로써 사업이 빠르게 진행되었고, 민경련의 불필요한 요구 사항 등을 줄일 수 있었다.

남북해운합의서 체결로 국내 선박의 북한 해역 운항 가능

K기업의 K대표는 북한과 모래 사업 시 가장 중요한 것은 모래 운송이라 생각하고 사전에 운송 경로, 운송 선박, 운송 관련 인허가 사항 등을 꼼꼼히 확인했다. 특히, 운송과 관련해 북한 해사 당국 및 통일부의 운항 승인, 해양수산부의 입출항 신고 등의 행정 절차를 확인해 운송 계획을 효율적으로 세우는 것이 중요하다고 판단했다.

K기업이 2004년 사업을 추진할 당시만 해도 모래 운송과 관련된 환경 여건이 열악했다. 모래 운송은 제3국선으로만 가능해 가격이 비싼 중국 선박을 사용했고, 운송 루트도 북한 어업 시설 보호 등의 문제로 우회 항로를 이용해야 했으므로 운송 시간이 13시간 이상 소요되었다. 이러한 문제는 수익성 악화로 이어졌고, K대표는 이와 관련해 북한 및 우리 정부를 상대로 계속 문제를 제기했다.

2005년 K기업이 원하던 대로 2005년 남북해운합의서가 체결되면서 국내선의 북한 운행이 가능해졌고, 국내에서 제작한 채취 및 운송 선박이 투입되어 운송 경비를 절감하고 반입량을 크게 늘릴 수 있었다. 하지만 운송 항로는 K기업의 지속적인 요구에도 불구하고 종전과 동일한 항로를 이용할 수밖에 없었다. 다만, 정해진 항로 범위 내에서 지름길을 찾는 방법을 통해 10시간 이내로 운행 시간을 단축할 수 있었다.

사업 성공을 위해서는 북한 사업 파트너 선정 및 사업성 확보 노력이 중요

K대표는 K기업이 북한과의 모래 사업을 성공적으로 추진할 수 있었던 것은 두 가지 이유 때문이라고 했다. 첫 번째는 신뢰할 수 있고 발전 가능한 북한 사업 파트너를 잘 선정했다는 것이고, 두 번째는 사업성을 확보하기 위해 지속적으로 노력했다는 점이다.

K기업이 북한 사업 파트너 선정에 유독 신경을 쓴 것은 사업 준비 단계에서 대북 사업 경험자 등을 접촉하는 과정 중 북한 사업자의 중요성에 대해 여러 차례 듣고 공감했기 때문이다. K대표는 중국의 지인을 통해 중개인을 소개받고, 그들로부터 북한 모래 회사에 대한 정보를 수집하고 분

석한 다음, 사업 파트너를 결정했다.

그러면서도 K기업은 사업성 확보를 위한 노력도 멈추지 않았다. 사업 초기 북한이 국내 선박의 북한 해역 운항을 금지했으므로 어쩔 수 없이 중국 선박을 용선해 투입했으나, 용선도 어렵고 가격도 비싸 사업을 포기해야 할 정도였다. K기업은 이러한 문제를 해결하기 위해 북한 및 우리 정부를 상대로 개선을 요구했고, 마침내 2005년 남북 간 해운합의서가 체결되면서 해결할 수 있었다.

모래 교역 시 가장 우려되는 것은 국내 기업 간 과당 경쟁

K기업의 K대표는 국내 모래 수급은 환경 및 수산 자원 보호 등의 이유로 수요에 비해 공급이 부족한 상황이 계속될 것이며, 이러한 문제를 해결하기 위해서는 북한 모래 반입이 절대적으로 필요하다고 생각하고 있다. 특히, 북한 해주만 모래는 품질이 좋고 거리가 가까워 모래 원가의 상당 부분을 차지하는 운송비를 절감할 수 있어 다른 지역에 비해 사업성이 우수하다고 했다.

그러나 K대표는 국내 업체 간 과당 경쟁을 걱정했다. 북한과의 모래 사업은 국내 유휴 선박 등을 활용해 비교적 쉽게 접근할 수 있고, 모래가 한도 물량 품목이 아니어서 자유롭게 반입할 수 있으므로 기업 간 과당 경쟁이 발생할 가능성이 크다며, 이를 위한 대책이 필요하다고 강조했다.

또한 K대표는 5·24 조치 직전에는 북한 당국에서 실적이 좋은 북한 기업에 다수의 권한을 주고 독점적으로 운영할 수 있게 했는데, 최근에는 지역에 따라 모래 사업 주체를 별도로 지정하는 방식으로 사업 형태가 변화하고 있다고 판단했다. 이로 인해 북한 내에 모래 사업을 하는 기업이 증가하고, 그들과 거래하는 국내 기업이 많아지면서 과당 경쟁이 더욱 거세질 것으로 내다봤다.

S기업 사례

S기업

- 주요 사업: 깐 마늘
- 사업 시기: 2006년부터 ~
- 북측 상대: 민경련(개선총회사)
- 사업 형태: 설비 투자형 위탁 가공

중국산 깐 마늘에 잠식된 국내 마늘 가공 시장을 극복하고자 위탁 가공 교역 시작

S기업의 K대표는 가락동 농수산 시장에서 사회생활의 첫발을 내디딘 후 30여 년간 마늘 유통 사업이라는 외길을 걸어온 일명 〈마늘 대통령〉이다. 그러던 중 2000년대 초 중국산 깐 마늘이 대량 수입되면서 국내 마늘 농가들의 피해를 목격하게 되었다.

당시 국내에서는 대부분 기계를 통해 마늘을 까는 가공을 했는데, 기계로 마늘을 까면 흠집이 생겨 마늘 수명이 길지 못하고 빨리 손상되었다. 반면에 손으로 깐 마늘은 흠집이 없어 20여 일간 유통시킬 수 있었는데, 국내에서는 농촌의 노인들 외에 마늘을 깔 사람이 없고, 인건비도 비싸 중국산 깐 마늘이 국내 시장을 잠식하는 것을 지켜볼 수밖에 없었다.

K대표가 이러한 상황에서 생각해 낸 것이 북한과의 깐 마늘 위탁 가공 사업이었다. 깐 마늘 위탁 가공은 별도의 제조 공정 없이 노동력과 간단한 작업 도구만 있으면 가능해 북한과 함께할 수 있는 최적의 사업 아이템이라고 확신했다. 또한 깐 마늘 위탁 가공은 북한 주민이나 국내 생산자 모두에게 도움이 되는 사업이라 생각되어, K대표는 북한과 깐 마늘 위탁 가공 사업을 시작하게 되었다.

제주산 마늘 북측으로 보내 깐 마늘로 매일 35톤씩 들여와

2005년 K대표는 북한과의 사업 협의를 위해 단동의 민경련 대표부를 방문했고, 담당자를 만나 깐 마늘 위탁 가공 사업에 대해 설명했다. 이와 관련해 북한 측이 깐 마늘 공장을 남포에 세워 해로를 통해 운송하는 방안을 제시했지만, K대표는 마늘 사업은 신선도가 중요하기 때문에 육로 수송이 가능한 개성 이외의 지역에서는 사업이 불가능하다며 거절했다.

2006년 북한에 의료 약품을 지원해 주던 국내 NGO의 소개로 평양에서 간 마늘 위탁 가공 사업을 설명하게 되었고, 북한의 ○○회사와 육로 운송이 가능한 개성 공단 인근에서 사업을 추진하는 것으로 계약을 체결했다. 그 후 간 마늘 위탁 가공 시 포장, 건조, 선별 작업 등에 필요한 자재와 기계들을 현지로 보내 공장을 완공했고, 원료(통마늘)는 맛과 질은 뛰어나지만 껍질이 두꺼워 기계로 까기 힘든 제주산 마늘을 공급했다.

초기 가공 단계에서는 북한 근로자들이 까는 마늘 양이 얼마 되지 않았으나, 할당된 양을 완료하면 바로 퇴근할 수 있도록 하는 등 현지 환경에 맞게 작업 방법을 개선했다. 이러한 조치와 함께 북한 근로자들이 작업에 익숙해지자 2,500명의 근로자가 하루에 35톤의 간 마늘을 생산했고, 1일 임가공비로 우리나라 돈 1천만 원 이상을 지불했다. 당시 북한 근로자가 받던 임가공료는 한 달에 12만 원 이상으로, 그때 개성 공단 근로자가 받던 한 달 임금 약 57달러(약 7만 원)보다 월등히 많았다.

사업의 성공 요인은 철저한 준비와 북한 측 관계자와의 강한 신뢰

K대표는 평생 마늘 유통 사업을 했기 때문에 마늘과 관련해서는 생산, 유통, 판매 등 모든 부문에 대해 자세히 알고 있었다. 하지만 북한과의 사업은 기존의 국내 깐마늘 유통 체계 등을 획기적으로 바꾸는 것으로, 북한과의 사업 추진에 필요한 사항은 물론 국내의 마늘을 안정적으로 공급받기 위해 다방면으로 많은 사람들을 만나서 사업의 필요성을 적극적으로 알리고 준비했다.

K대표는 먼저 제주도청 관계자를 만나 북한과 깐마늘 위탁 가공 사업을 추진할 경우 이미 국내 시장을 잠식하고 있던 중국산 깐마늘 수입을 줄일 수 있고, 북한 근로자들과 제주도 생산 농가들에는 소득 증대를, 국내 소비자들에게는 깨끗하고 품질 좋은 마늘을 제공할 수 있다고 적극적으로 설명했다. 필요한 경우에는 이들과 함께 방북해서 생산 공장을 보여 주며, 북한과의 깐마늘 위탁 가공 사업은 북한 근로자와 남한 농민 모두에게 필요한 사업이라는 인식을 심어 줌으로써 지지를 받게 되었다.

K대표는 북한과의 사업은 신뢰가 가장 중요하다고 생각하고 처음부터 사업 협의를 K대표가 직접 했다. 이 외에도 공장 건설, 생산 등 사업의 전 과정을 함께하면서 문제가

발생할 경우 즉각 대응하고자 노력했다. 이런 K대표의 성실한 태도에 힘입어 사업 파트너인 북한과 신뢰를 쌓아 갈수 있었다.

남북 농업의 발전을 위해서는 단순 임가공을 넘어 고부가 가치 가공품을 생산해야

깐 마늘 위탁 가공 사업은 향후 10년간은 수익성이 어느 정도 확보될 것으로 판단된다. 이 외에 감자, 양파 등도 북한에서 단순 가공해 국내에서 판매할 경우 당분간은 사업성이 있다. 하지만 북한이 산업화로 발전하면, 남한에서 단순 노동력이 부족한 것처럼 북한에서도 노동력이 부족해 단순 임가공 사업은 추진하기 어려울 것으로 전망했다.

따라서 중·장기적으로는 깐 마늘과 같은 단순 임가공이 아닌 고부가 가치를 창조할 수 있는 제조업 위주의 협력 사업이 추진되어야 한다고 강조했다. 예를 들어 국내 마늘을 가지고 과거에는 깐 마늘로 임가공 사업을 했다면, 향후에는 마늘 즙과 같은 건강 기능 식품을 제조하는 방식 등으로 사업을 변경해야 한다고 조언했다. 또한 북한 내 토지를 활용해 농산물을 공동 재배해서 생산된 원료로 고부가 가치

가공품을 생산하는 방식의 협력 사업도 사업성이 있다고
전망했다.

D기업 사례

> **D기업**
>
> - 사업 내용: 의류 위탁 가공 교역
> - 사업 시기: 2008년 ~
> - 북측 상대: 새별총회사, 대동강무역총회사
> - 사업 방식: 국내 및 제3국에서 원·부자재를 제공, 북한에서 임가공한 후 국내 반입

북한의 의류 위탁 가공 사업 환경은 제3국에 비해 양호

1990년대 L사에서 대북 사업을 추진한 경험이 있던 D기업의 L대표는 북한으로부터 무연탄, 농산물(들깨), 아연 등의 품목을 반입해 판매했다. 그러던 중 2008년 H사(의류 유통 업체)로부터 북한과의 의류 위탁 가공 사업을 제안받고 추진하게 되었다.

L대표가 H사의 사업 제안을 흔쾌히 받아들여 대북 사업을 시작한 이유는 크게 세 가지였다.

첫째, 북한산 제품을 한국으로 수입할 때 무관세 혜택을 받을 수 있다는 점이다. 당시는 한·중 FTA가 발효되기 전이라 중국이나 기타 지역에서 생산한 제품은 평균 8~13퍼센트 수준의 관세를 부담해야 했는데, 북한산은 무관세로 반입할 수 있었다.

둘째, 당시 중국이나 베트남과 비교해 볼 때 생산 단가가 낮았다. 물론 물류비가 높고 통신의 어려움으로 생산 차질이 발생할 수도 있으나, 전체적으로 판단할 때 유리한 편이었다.

셋째, 품질 수준이 높은 편이었다. 중개인을 통해 북한 공장에서 생산된 여러 샘플을 검토해 봤을 때, 작업 숙련도나 이해도가 높아 품질이 우수했다.

전력 부족 및 의사 전달 등의 문제로 마무리 공정 미숙, 단둥에서 마무리 작업

2008년 D기업이 사업을 진행할 당시 이미 많은 기업이 북한과 사업을 추진하고 있어 의류 위탁 가공과 관련된 북한 사업 환경은 경험자들을 통해 쉽게 파악이 가능했고, 이를 토대로 사업 계획을 수립할 수 있었다.

D기업의 L대표는 북한의 의류 위탁 가공 환경이 여러 면에서 베트남, 중국 등에 비해 열악하다는 것을 분명히 알고 있었지만, 가장 걱정했던 점은 전력 부족과 원활하지 못한 의사 전달 문제였다. L대표는 이러한 문제가 곧바로 마무리 공정 미숙으로 이어진다는 것을 사전에 알고 있었고, 이를 해결하기 위해 북한에서 완성된 의류 제품을 국내로 바로 반입하지 않고 중국 단둥의 보세 구역으로 보내 마무리 작업을 한 후 반입하는 것으로 계획을 수립했다.

작업 지시서, 원·부자재 반출 내역 확인 등으로 제품 불량 최소화 및 납기 준수

D기업이 사업 추진 단계에서 가장 중요하게 생각한 것은 작업 지시서였다. 당시 북한과의 연락 채널은 민경련 단둥 대표부, 또는 개성에 위치한 남북교류협력협의사무소 등으로 제한되어 있어 자유로운 의사 전달이 어려웠다. 또한 방북도 쉽지 않았으므로 기술 지도는 물론, 문제가 발생해도 해결하기가 힘들어 작업 지시서를 통해 정확한 작업 방법 등을 전달할 필요가 있었다.

D기업은 작업 지시서를 시즌별로 작성해 국내에서 제작

한 견본과 함께 보내고, 북한과 충분한 협의를 거쳐 북한에서 제작한 견본을 받아 본 뒤에 최종 생산에 들어갈 수 있도록 했다. 이후에 발생하는 기술적인 문제는 북한 방문이 가능한 중국 기술자를 보내 해결하는 방식으로 사업을 추진했다.

D기업이 사업 추진 단계에서 두 번째로 중요하게 생각한 것은 원·부자재 반출이다. 의류 위탁 가공 사업은 시즌별로 새로운 품목이 판매되기 때문에 납기가 매우 중요하므로 적기에 정확한 원·부자재가 반출될 수 있도록 준비해야 한다. 반출하고자 하는 원·부자재가 누락되었는지, 수량이 맞는지 확인하는 것이 아주 중요하다.

사업의 승패는 납기 및 품질이 좌우

D기업의 L대표는 북한과의 의류 위탁 가공 사업이 성공하기 위해서는 무엇보다도 납기 지연 및 품질 불량 문제가 발생하지 않아야 하며, 문제가 발생하더라도 북한과 신속히 해결할 수 있는 신뢰가 형성되어야 한다고 말했다.

L대표는 납기 문제가 발생하는 원인은 북한에도 있지만, 우리 기업이 무리하게 오더를 발주해 납기를 맞추지 못하는 사례가 많다며, 우리 기업이 오더를 발주하기 전에 북

한 공장의 생산 능력 등을 확인하고 이에 맞게 오더를 발주하는 것이 좋다고 했다.

또한 품질 불량을 줄이기 위해서는 위탁 가공을 추진하고자 하는 북한 공장이 그동안 어떤 제품을 얼마만큼 생산했고, 품질은 어떠했는지, 미리 파악해서 가능한 해당 공장에 맞는 제품을 생산하는 것이 중요하다고 보았다.

5·24 조치 이후의 변화된 사업 환경을 면밀히 검토한 후 사업 추진

L대표는 현재 북한의 의류 위탁 가공 사업 환경은 5·24 조치로 북한 의류 임가공 시장이 중국으로 넘어가 교역이 재개되어도 종전과 같은 조건에서 사업을 추진할 수 없을 것으로 예상했다. 즉 중국 기업과의 경쟁이 불가피해 임가공비는 올라가고 우리 기업이 추진할 수 있는 위탁 가공 물량은 감소할 것으로 내다봤다.

또한 L대표는 북한의 의류 위탁 가공 관련 인원이 중국, 베트남 등으로 대거 파견되어 향후 숙련공 부족 현상이 발생할 수 있고, 한·아세안 FTA 체결로 2010년부터 베트남·미얀마 등으로부터 수입되는 의류 제품에 관세가 부과되지 않아 북한에서의 의류 임가공 수요가 예전처럼 많지 않을 것으로 예상했다.

그럼에도 불구하고 L대표는 북한 임가공 사업 환경 중 거리가 가깝고, 의사소통이 가능하며, 봉제 솜씨가 좋은 긍정적인 측면이 있으므로, 향후 북한과 의류 위탁 가공 사업을 추진할 경우 긍정적·부정적 측면을 면밀히 검토해 사업 추진 여부를 결정할 것을 조언했다.

5

Y기업 사례

Y기업

- 주요 사업: 모니터 PCB(기판) 및 완제품 조립 생산 등
- 사업 시기: 1998 ~ 2003년
- 북측 상대: 민경련(삼천리총회사)
- 사업 방식: 합작(남한: 설비, 원료 등/북한: 토지, 건물, 노동력 등)

국내 최초로 제조업 분야 IT 사업 북한 진출

Y기업의 Y대표는 1990년대 초 모스크바 유학 중 북한 유학생들과 함께 공부한 것이 인연이 되어 자연스럽게 북한에 대해 관심을 갖게 되었다. Y대표는 귀국 후 북한 관련 공부를 계속했고, 그 과정에서 북한 관련 지식과 인맥 등을 토대로 대북 사업 관심 기업을 대상으로 컨설팅 사업을 추진했다.

1995년 Y대표는 미국인이 투자한 국내 IT 기업에서 북한 투자 관련 업무를 담당했고, 1997년에는 IMF 사태로 사업을 포기한 PC 모니터를 생산하는 IT 기업을 인수하게 되었다. 당시 이 회사는 북한 투자를 준비하고 있었는데, Y대표가 이 사업을 이어받아 북한과 모니터 부품 생산 및 모니터 조립 관련 IT 사업을 추진하게 되었다.

북한은 높은 수준의 IT 인력이 풍부한 시장

1990년대 중반 이후 국내 IT 산업은 정부의 벤처 기업 육성 정책에 힘입어 급속도로 성장했고, 이로 인해 전자·전기 관련 인력이 정보 통신 분야로 대거 이동하면서 TV 및 컴퓨터 생산 인력이 크게 부족하게 되었다. 게다가 인건비도 높아져 국내의 부품 및 조립 공장이 제3국으로 이전하는 등 많은 기업이 해외 투자에 관심을 갖고 검토 중에 있었다.

1998년 Y기업이 북한에 투자할 당시, 북한의 IT 사업 환경은 S/W 분야의 경우 1985년부터 당국의 적극적인 지원 정책으로 중학교 이상의 학생들에게 컴퓨터 교육이 의무화되었고, 김일성종합대학 등 주요 대학에 컴퓨터 학과가 생기면서 수준 높은 인력이 많이 배출되었다.

반면에 H/W 분야는 경제난과 전력 문제 등으로 사업 환경이 몹시 열악해서, Y기업은 북한의 H/W 분야 사업 환경을 해결하기 위해 5킬로미터 넘게 전선을 연결해 전기를 끌어 오고 변압기를 설치하는 등 공장 운영에 필요한 인프라를 자체적으로 해결해야 했다.

복잡한 생산 공정 현장 지도를 위해 우리 측 근로자 300여 명 방북

Y기업은 북한의 IT 사업 환경이 열악함에도 북한 투자를 결정하고 1997년부터 물자 반출, 원·부자재 공급 계획, 공장 운영, 기술 교육 등과 관련된 계획을 세우고 1년 이상 준비했다.

생산 라인 구축에 필요한 기계·설비 등은 국내 공장에서 사용하던 기계들을 뜯어다가 설치하는 것으로 했고, 원·부자재는 국산 부품을 이용하되 일부 핵심 부품만 일본 것을 이용하기로 조달 계획을 수립했다. 또한 물자 반출과 관련한 행정 절차 및 방법 등에 대해서도 관계 기관에 확인하고, 이를 근거로 통일부의 반출 승인도 받았다.

Y기업이 북한과의 IT 사업 추진을 위해 많은 시간을 들여 준비한 것은, 북한 근로자에게 제품 생산에 필요한 요령 및 기술을 전수하는 문제였다. IT 사업은 의류 임가공이나

TV 조립 공정에 비해 공정이 복잡하고 기술을 요하는 부분이 많아 북한 근로자들에 대한 기술 교육이 사업의 성패를 가름할 정도로 중요했기 때문에 몇 개월에 걸쳐 공정 과정, 중점 확인 사항, 작업 방법 및 주의 사항 등과 관련된 업무 매뉴얼을 만들어 배포하고 숙지하도록 했으며, 남한 공장 생산직 근로자 300여 명이 방북해 북한 근로자를 대상으로 현장 교육을 실시해 단기간에 생산 능력을 남한 공장 수준으로 끌어올리고자 노력했다.

원·부자재 반출이 금지되면서 사업이 중단되었지만 북한 IT 협력 사업 전망은 긍정적

2000년대 초반 Y기업은 북한과 모니터 PCB(기판) 임가공 사업을 추진하던 중 전혀 예상치 못한 문제로 사업을 중단해야 하는 상황에 직면했다. 그동안 문제없이 반출되었던 일부 원·부자재가 정부의 대북 반출 물자 관리 체계가 강화되면서 반출이 어려워져 관련 사업이 주춤거렸고, 결국 중단하게 되었다.

그러나 Y대표는 북한이 풍부한 IT 인력과 국내 수준에 버금가는 소프트웨어 개발 기술력을 보유하고 있어, 북한과의 IT 사업 전망은 매우 밝다고 말했다. 다만, 북한의 불안전한 정치 상황 등을 감안해 초기에는 프로그램 개발이나 애니메이션 같은 인력 중심의 소프트웨어 개발 사업을 우선 추진하고, 점차 물품 및 기술 이전 등이 수반되는 IT 관련 제조업 분야로 사업을 확대하는 방안이 바람직하다고 했다.

향후 북한과의 IT 협력 사업 추진 시 물자 반출 여부 철저히 확인

끝으로, Y대표는 그동안 북한과의 IT 관련 사업은 1996년 L전자의 TV 조립 임가공을 시작으로 10여 개의 국내 기업이 임가공, 소프트웨어 개발 등과 같은 사업을 추진했지만, 뽀로로 사업을 제외하면 성공한 사례가 별로 없었다며, 그 이유로 두 가지를 언급하면서 주의를 당부했다.

첫째, 바세나르 협약과 미국 상무부의 수출관리규정, 기술과 제품의 최종 용도를 통제하는 캐치올 제도 등으로 북한으로의 물자 및 기술 반출이 금지 또는 제한될 수 있는 만큼, 사업 계획 단계부터 이러한 사항을 꼼꼼히 확인해야 한다.

둘째, 북한 IT 관련 정보와 자료 부족 등으로 사업이 지연되거나 중단될 수도 있다는 점이다. 특히 IT 분야에 대한 정보는 북한의 국제적 고립과 폐쇄성으로 인해 매우 부족한 상황으로, 대부분의 기업이 사업 협의 단계에서 북한 측으로부터 관련 정보를 전해 듣고 이를 근거로 사업을 추진했는데, 가능한 한 사전에 국내 전문가 및 과거 사업 경험자 등을 통해 많은 정보를 수집·활용하는 것이 필요하다.

6
T기업 사례

T기업

- 사업 내용: 석산 및 골재 채취
- 사업 시기: 2005년부터 ~
- 북측 상대: 개선총회사, 아리랑총회사
- 사업 방식: 합영(남한: 토지 및 석산 투자/북한: 설비, 기술 등 현물 투자)

국내 석재 가공품 수급 현황을 보고 북한 석산 개발 사업에 관심

2000년대 중반 국내 석재 가공품 공급은 수요를 따라가지 못하는 상황이었다. 국내 원석 생산량은 환경 규제 강화로 신규 허가가 제한되는 상황에서 계속적으로 감소하는 반면, 수요는 행정 수도 및 수도권 신도시 건설 등으로 늘어나 중국 등에서 석재 가공품 수입이 증가하고 있었다. 이에

T기업은 남북 경협 사업을 통해 북한에서 석재 가공품을 생산해 국내로 반입하면 수입 물량을 대체할 수 있을 것으로 기대했다. 또한 당시 공사가 진행 중이던 개성 공단 건설 현장에도 공급할 수 있다면 수익성이 있을 것으로 판단했다.

석산에 대한 기초 조사 시행, 우수한 품질의 북한 석재

사업 초기에 북한 석산에 대한 기초 자료가 없어 매장량 및 품질을 확인하는 조사가 필요했다. 한국광물자원공사의 시험 분석 결과, 개성에서 북동쪽에 위치한 장풍석산의 석질은 건축 토목용 석재로서 선명도가 높고 성분이 균질했다. 또한 결집력과 강도(압축 강도가 150메가파스칼[MPa])가 높고, 색상이 일정하며, 입도가 균등하게 분포되어 있어 우수한 석재로 판단되었다. 이 결과를 토대로 T기업은 월 4천 세제곱미터(약 1만 톤), 연간 4만 8천 세제곱미터(약 13만 톤)의 원석을 생산할 목표를 세우고 석산 개발 사업을 결정했다.

국내 자원 전문 기관을 통해 북한 투자비 산정

북한 석산 개발 사업은 남한 측과 북한 측이 50대 50 비율로 투자하는 합영 사업 방식으로 이루어졌다. T기업은 설비 및 기술 지원 등 현물 투자를, 북한 측은 토지 및 석산을 투자하기로 했으나, 계약 체결 과정에서 북한 측이 투자하기로 한 토지 및 석산 가격을 어떻게 산정해야 할지 어려움이 많았다. T기업이 투자한 현물은 수출 신고 가격 등으로 쉽게 가격을 산출할 수 있었으나, 북한 측 투자 자산인 토지와 석산에 대해서는 가치를 어떻게 평가해야 할지 기준을 합의하기가 어려웠다.

T기업은 북한 측과 수차례 논의를 거친 후에 국내 자원 전문 기관인 한국광물자원공사에 토지 및 석산에 대한 가치 산정을 의뢰하기로 했다. 의뢰 결과 T기업의 설비 현물 투자 비용에 준하는 투자 비용으로, 북한 토지 5만 평(개성공단 부지 가격 기준)과 석산 4천만 세제곱미터를 산정했고, 이 결과를 토대로 계약을 체결했다.

석산 개발 관련 설비 및 장비 반출 시 전략 물자 여부 철저히 확인

북한 석산 개발과 관련된 설비 및 장비 등을 반출하는 과정에서도 어려움이 많았다. 석산 개발에 필요한 설비 및 장비 중에는 전문 화약, 경유, 정제유, 굴삭기 등 민감한 품목이 다수 포함되어 있어 통일부 반출 승인에 앞서 전략 물자 여부를 확인하는 것이 필요했다.

T기업은 이를 위해 물자 반출 직원을 지정해 전략 물자 관련 교육을 받도록 하고, 해당 직원이 반출과 관련된 업무를 전담토록 했다. 전략 물자로 의심되는 설비나 장비 등에 대해서는 해당 물품의 도면, 성분 관련 서류를 준비해 자가 판정을 하거나 전략물자관리원에서 사전 판정을 받아 반출했다.

그럼에도 불구하고 물자 반출은 쉽지 않았다. 정제유, 굴삭기, 도폭선(화약) 등은 전략 물자 판정이 보류되어 추가 자료를 여러 차례 제출해야 했다. 정제유는 석산 개발 설비 외 다른 기계에 사용할 수 없다는 증거 자료를 추가로 제출해 반출이 가능했지만, 굴삭기는 컴퓨터 제어 장치 등이 없는 저성능 장비로 변경해 반출해야 했고, 도폭선은 끝내 반출을 포기하고 북한 도폭선을 개조해 사용했다.

열악한 사업 환경으로 석산 개발 사업 초기 상당한 비용과 시간 소요
T기업은 북한의 열악한 사업 환경으로 인해 사업 추진 과정에서 여러 어려움에 직면했고, 사업이 정상 궤도에 오르기까지는 상당한 비용과 시간이 소요되었다.

당시 북한의 도로 및 터널은 좁고 교량도 노후되어 석산 개발에 필요한 대형 중장비 등을 운반하려면 산을 우회해야 하는 상황이었다. 이에 T기업은 석산 진입로를 새로 만들어 장비를 운반했다. 전력 사정도 좋지 않아 T기업이 북한 측에 제공한 발전기를 가동해 약 2천 킬로와트의 전력을 자체 생산해서 사용했다.

또한 석산 개발을 위해서는 많은 양의 용수가 필요했으나 북한의 담수 시설 부족으로 용수가 공급되지 않아 T기업이 직접 지하수를 개발해 사용하기로 하고, 2006년과 2008년 2회에 걸쳐 지하수를 개발해 용수를 확보할 수 있었다.

북한 측에서 제공하기로 한 노동자들 중에는 국내 장비를 운영할 만한 기술자가 없었고, 경험이 부족한 신규 노동자가 많았다. T기업은 이러한 문제를 해결하기 위해 국내 기술자를 파견해 원석 채취 기술과 중장비 운전 교육 등을 실시했고, 북한 측 노동자가 양질의 제품을 생산하기까지는 6개월 이상의 시간이 소요되었다.

향후 북한 석산 개발 사업 전망은 밝아

T기업의 H이사는 사업 추진 과정이 쉽지 않았지만 꾸준하게 북한 측과 협의하고 조율해 투자 완료 후 4년여 동안 북

한 측과 기업을 공동 운영한 것이 무엇보다도 큰 성과라고 여겼다. 그는 2010년 경협 사업이 중단되지 않았다면 사업도 순조롭게 진행되었을 것이라며 아쉬움을 표했다.

T기업의 K대표는 향후 북한의 석재 및 골재 수요가 도로, 철도, 항만 등의 사회 간접 자본 확충, 경제개발구 및 신도시 개발 등 건설 수요 증가로 엄청나게 늘어날 것으로 보았다. 국내 건설 자재 수요도 꾸준히 증가하고 있어 북한의 석산 개발 및 건설 자재 사업을 매우 낙관적으로 전망했다.

다만, 북한과의 합작, 합영 사업 추진 시 비용과 시간을 최소화하기 위해서는 사업 계획 단계부터 철저한 검토가 필요하며, 특히 물자 반출과 관련해 전략 물자 여부 등을 하나하나 확인하는 것이 중요하다고 조언했다.

남북 경협 추진 시 체크 리스트

1. 사업 계획 수립 시 전문가 및 기존 진출 기업의 경험 등을 통해 사업성, 적절성, 사업 기간, 자금 조달 등에 문제가 없는지 철저히 검토

2. 교역 중단 등 사업 리스크를 최소화할 수 있는 보험 가입, 거래선 다변화 등의 안전 장치 확보

3. 대북 사업 관련 물품 중 반출·반입에 제한을 받는 전략 물자(EAR), 반입 한도 물량 품목들이 포함되어 있는지 확인

4. 북한 주민 접촉, 북한 방문, 물품 반출·반입, 수송 장비 운행, 거래 대금 송금 등 정부의 신고·승인 절차 및 방법 등 숙지

5. 반출·반입 물품의 물류비 및 운송 시간을 줄일 수 있는

운송 루트, 소요 기간, 운임 등 사전 파악

6. 북한 사업자와의 업무 연락, 물품 검사 등을 어떠한 방식으로 진행할 것인지 미리 결정하고 준비

7. 전기 부족 등 북한의 열악한 사업 환경에 대한 해결 방안을 마련하고, 이와 관련된 비용을 사업비에 반영

8. 경협 사업을 추진하고자 하는 경우 기존 사업과의 중복 여부를 통일부 및 남북교류협력지원협회 등을 통해 사전에 확인

9. 품질 유지 및 생산성 향상을 위한 기술 지도 및 교육 등과 관련된 계획 수립

10. 품질 이상 및 납기 지연 등으로 발생되는 클레임에 대한 해결 방안을 마련하고, 관련 내용이 계약서 또는 합의서 등에 포함될 수 있도록 협의

남북 경협 추진 시 참고 법규

구분	관련 법규
Ⅰ. 남북 교류 협력	• 남북 교류 협력에 관한 법률 • 남북 교류 협력에 관한 법률 시행령 • 남북 교류 협력에 관한 법률 시행 규칙

II. 남북한 왕래	• 남북한 왕래자의 휴대 금지품 및 처리 방법에 관한 고시 • 남북한 왕래자 휴대품 통관에 관한 고시 • 남북한 방문 특례 및 북한 주민 접촉 절차에 대한 고시 • 남북 회담 대표단의 북한 방문 절차에 대한 특례 • 남북한 왕래자 등에 대한 출입(국) 심사 지침 • 북한 지역 관광에 따른 환전 지침
III. 교역 및 수송	• 반출·반입 승인 대상 품목 및 승인 절차에 관한 고시 • 대북 전략 물자의 반출 승인 절차에 관한 고시 • 남북 교역 물자의 원산지 확인에 관한 고시 • 남북 교역 물품 통관 관리에 관한 고시 • 남북한 간 수송 장비 운행 승인 신청 및 승인 기준에 관한 고시 • 남북 간 통행 차량의 등록 및 출입 절차에 관한 고시 • 개성 공업지구 등의 반출 컴퓨터 관리 지침 • 개성 공업지구 반출입 물품 관리에 관한 고시
IV. 협력 사업	• 남북 경제 협력 사업 처리에 관한 규정 • 국내 기업 및 경제 단체의 북한 지역 사무소 설치에 관한 지침 • 대북 투자 등에 관한 외국환 거래 지침 • 남북 사회 문화 협력 사업 처리에 관한 규정 • 인도적 대북 지원 사업 및 협력 사업 처리에 관한 규정

201   부록

V. 남북협력기금	• 남북협력기금법 • 남북협력기금법 시행령 • 남북협력기금법 시행 규칙

지은이 **남북교류협력지원협회** 2007년 5월 〈남북 경공업 및 지하자원 개발 협력 사업〉 당국 간 이행 기구로 출범한 통일부 산하의 남북교류협력 지원 전문 기구. 남북 교역−경협 관리 업무, 대북 지원 사업 통합 관리 체계 구축−운영, 남북 군사 당국 간 통신 체계 개선 사업 등 남북교류협력 관련 조사−연구와 정부 위탁 업무를 추진해 오고 있다. 또한 협회 내에 〈남북교류협력 종합상담센터〉를 설치하여 지자체, 민간단체, 기업 등의 원활한 남북교류협력 사업을 지원하고 있다.

임을출 경남대 극동문제연구소 교수이자 북한개발국제협력센터(ICNK) 센터장. 현재 청와대 국가안보실 정책자문위원, 통일부 남북회담 정책자문위원, 남북정상회담 추진위원회 자문위원, 기획재정부 2020~2024년 국가재정운용계획 지원단원으로 활동하고 있다. 남북교류협력지원협회, 국가인권위원회, 국가과학기술연구회, 중소기업중앙회 등에서 자문을 맡고 있다. 문재인 정부 국정기획자문위원회에서 한반도 신경제구상 TF 팀원으로 참여했다. 코트라에서 남북 경협 및 북한 경제 애널리스트, 미국 조지타운 대학교에서 객원 연구원으로 근무한 바 있다.

손안의 통일 ❸

북한에서 사업하기

발행일   2019년 12월 25일 초판 1쇄

지은이   남북교류협력지원협회·임을출
발행인   홍지웅·홍예빈
발행처   주식회사 열린책들

경기도 파주시 문발로 253 파주출판도시
전화 031-955-4000   팩스 031-955-4004
www.openbooks.co.kr

Copyright (C) 남북교류협력지원협회, 임을출, 2019, *Printed in Korea.*
ISBN 978-89-329-1999-7 04300 ISBN 978-89-329-1996-6 (세트)

이 도서의 국립중앙도서관 출판예정도서목록(CIP)은 서지정보유통지원시스템 홈페이지(http://seoji.nl.go.kr)와 국가자료공동목록시스템(http://www.nl.go.kr/kolisnet)에서 이용하실 수 있습니다.(CIP제어번호:CIP2019049407)